27, rue des Grands Augustins. 75006 Paris

ISBN : 978-235490-164-6

Site internet des éditions du Relié :
http://www.editions-du-relie.com

DIRK GROSSER

Le Bouddha à quatre pattes

À quoi bon chercher un maître zen

DIRK GROSSER

Le Bouddha à quatre pattes

quand on a déjà un chien ?

Traduit de l'allemand par Lise Deschamps

Illustrations Frank Schulz

le Relié

À Bobba. Je ne t'oublie pas.

INTRODUCTION

Tout le monde a droit à son guide bouddhiste : les mères de famille stressées, les designers graphistes, les *Nuls* – évidemment ! – et même les motards bricoleurs. Les golfeurs, quant à eux, améliorent leur swing grâce au zen, tandis que les dirigeants d'entreprise tentent, par la méditation, de tirer encore davantage profit de leurs journées déjà pressées comme des citrons.

Depuis qu'il est arrivé en Occident, le Bouddha est mis à toutes les sauces. Mais rassurez-vous : le livre que vous avez entre les mains n'est pas le énième guide d'inspiration zen, pour propriétaires de chiens cette fois. Si c'est ce que vous avez cru, reposez-le tout de suite ! En effet, mon intention n'est pas de vous apprendre à être un avec la laisse ou à diriger votre chien avec l'esprit du samouraï sur son parcours d'*agility.* Je vais plutôt vous raconter l'histoire d'un maître à quatre pattes hors du commun. Je vous parlerai aussi de ses façons non moins inhabituelles de présenter les enseignements du

Bouddha, avec pour résultat de mettre toute ma vie sens dessus dessous.

Beaucoup de maîtres extraordinaires ont marqué l'histoire du bouddhisme : de Milarépa à Chögyam Trungpa, de Joshu et Ryokan à Kodo Sawaki et bien d'autres, ils comptèrent parmi eux de curieux personnages et de sacrés fous qui se souciaient aussi peu des conventions que de leur apparence. Il m'a été permis d'héberger quelques années l'un des maîtres les plus farfelus de cette longue tradition d'excentriques, au cours desquelles il m'a, non pas transmis sa conception du bouddhisme ou ses convictions, mais montré comment mettre en pratique ses enseignements. Il dormait par terre à côté de mon lit, mangeait en même temps que moi, m'accompagnait faire mon jogging et partout ailleurs, me ramenant chaque seconde de son existence à l'essentiel.

Il ne suivait aucun en particulier des nombreux courants bouddhistes : il ne se réclamait ni de l'Hinayana[1], ni du Mahayana, ni du Vajrayana. Il n'arrivait pas de la lointaine Asie : il n'était ni Chinois, ni Indien, ni Japonais, ni Tibétain. C'était un chien, tout simplement, et le bouddhisme qu'il enseignait était imprégné de son art de

1. Les concepts bouddhiques sont expliqués dans le glossaire. Voir Annexes (NDA).

vivre sans complications, autant dire du sur-mesure pour mon questionnement d'alors.

En se diffusant à travers le monde, les enseignements du Bouddha ont toujours enrichi les cultures rencontrées et, réciproquement, intégré certains particularismes des pays en question pour en faire une partie de la voie. Quand le bouddhisme a fini par se répandre en Occident, nous avons hélas pris l'empreinte de la culture asiatique pour un contenu incontournable de cet art de vivre et nous sommes focalisés sur certains aspects plus déroutants qu'utiles. Dzogchen Pönlop Rinpoché, jeune bouddhiste tibétain érudit, l'a exprimé avec une rare limpidité au cours d'une interview :

> *Le bouddhisme a la clarté et la transparence d'une boule de cristal. Au Tibet, cette boule se trouvait, dirons-nous, sur une table rouge. Beaucoup de gens pensent donc que le bouddhisme est une boule de cristal rouge et s'efforcent de soigner cette apparence rouge sans s'apercevoir que cette couleur ne brille dans la boule qu'en raison d'une certaine tradition. J'ai parfois l'impression qu'un trop grand soin est apporté à cette table rouge. L'Occident devrait essayer de découvrir la clarté de la boule et la poser sur sa propre table. Si la boule a soudain l'air*

bleu, parce que la table occidentale est bleue, ce n'est pas un problème puisque l'essence pure est claire et transparente, et non rouge ou bleue[2].

Ma boule de cristal bouddhiste à moi passait une partie de son temps sur un tapis de chien beige, roulait ensuite jusqu'au parc où elle virait au vert de l'herbe, au jaune et blanc des pâquerettes, au rouge des allées de terre battue et au marron des bancs de bois sur lesquels je restais si souvent assis pendant que mon cher maître était étendu à mes pieds, ronflant de tout son cœur. Il arrivait parfois à cette boule de cristal de se muer en balle qui couine de toutes les couleurs avec laquelle elle ne faisait qu'un, sans rancune quand il arrivait qu'on lui marche dessus, toujours prête à participer ou à diffuser ses effets bienfaisants.

Au fil de ces années passées avec mon chien, il m'est apparu de plus en plus évident que nous pouvons certes méditer dans des monastères zen et assister à des séminaires animés par des moines tibétains, réserver de coûteux week-ends dans des oasis de bien-être ou bien partir

2. L'interview réalisée par Wolfgang Block se trouve dans le numéro 7 de la revue *Buddhismus heute* (1991) et sur Internet : http://www.buddhismus-heute.de/archive.issue__7.position __2.print__1.de.html

en Thaïlande ou au Népal, papillonner de l'un à l'autre et beaucoup travailler sur nous-mêmes… et toujours nous trouver, malgré tous nos efforts, au point de départ. Nous pourrions pourtant nous faciliter grandement la tâche, car c'est avec plaisir que les vrais maîtres de la méditation nous apprennent ce qu'ils savent contre un peu d'attention, d'amour… ou une oreille de porc séchée !

Mon maître à quatre pattes incarnait l'essentiel de la méditation : la vigilance, la bienveillance, le calme, la spontanéité, l'ouverture d'esprit, la vastitude de cœur et, surtout, une inconditionnelle gentillesse. Si, avant de rencontrer mon maître, ma pratique spirituelle était restée séparée du reste de ma vie, elle fit, avec lui, de plus en plus partie de mon quotidien, jusqu'à ce que ce quotidien devienne ma pratique.

Si, dans ce livre, je compare souvent les enseignements de mon chien avec ceux de vieux maîtres chan ou zen, c'est surtout en raison de leur sens de l'humour et de la légèreté, très proche de celui de mon propre maître. Lorsqu'il s'est répandu en Chine, le bouddhisme s'est en effet associé à la doctrine taoïste bien plus ancienne et de cette fusion est né le bouddhisme chan ou zen. Les anciens taoïstes aimaient la nature. Ils restaient assis des heures à contempler émerveillés le miracle du tao : son déploiement spontané, la vie et son épanouissement naturel, à l'image d'une rivière qui dessine des courbes, accélère, ralentit, serpente et poursuit son cours en clapotant avant d'émettre un joyeux glouglou. Leurs enseignements n'étaient pas très académiques, ils n'étaient pas plus compliqués que la croissance d'un arbre, le vol d'une grue... ou la sieste d'un chien. Ils ont transmis au zen cette simplicité, cette vitalité spontanée et le bouddhisme a connu en Chine et au Japon une nouvelle prospérité.

Comme téléporté à travers le temps et l'espace, l'incarnation parfaite de cet état d'esprit se trouva un jour devant moi. À ma grande surprise, elle avait des poils, le museau humide et de drôles de manières. Pour d'autres, les découvertes du Bouddha peuvent prendre vie dans des autorités rendues légitimes par une longue tradition doctrinale : des moines, des lamas, des Rinpoché, des bhikkhus. Moi, c'est un chien qui me les a montrées.

Tout ce que j'ai vécu et raconté dans ce livre aurait pu prendre une tout autre tournure si j'avais croisé une tortue de terre grecque et l'avais baptisée Yoda, avant de vivre dans la conviction d'être en apprentissage auprès d'un authentique maître Jedi. Un chien avait l'avantage de pouvoir marcher sur mes talons, ce qui est plus difficile pour une tortue. Et avez-vous déjà lancé une balle à une tortue ? C'est plutôt laborieux !

C'est arrivé comme vous allez pouvoir le lire : un chien au grand cœur et aux goûts parfois inconvenants a usé de son affection pour me présenter l'essence des enseignements bouddhistes, m'a montré comment les vivre et m'a soutenu, avec tous les moyens à sa disposition, sur une voie de la compréhension pleine de défis. Ces enseignements ont fini par se révéler à moi, non plus seulement grâce à la méditation et à l'étude des textes anciens, mais aussi en lançant une balle et en courant à perdre haleine, ou encore par l'intermédiaire d'un ours en peluche à la tête arrachée que mon chien baladait dans tout l'appartement.

Bienvenue dans la réalité

Tout le savoir, l'ensemble des questions et des réponses se trouve chez le chien.

FRANZ KAFKA

Chez moi, en Westphalie, les maîtres zen ne courent pas les rues. Nous avons nos spécialités culinaires, le *Pickert*[3] et le *Wurstebrei*[4], au moins deux chevaux et quatre vaches par habitant, mais trouver un maître de méditation est presque mission impossible. D'où ma joie lorsque, un jour, je suis tombé sur un authentique maître zen. Je dois vous avouer que je ne l'ai pas reconnu tout de suite. Il faut dire que son déguisement était très réussi : de taille moyenne, le pelage plus ou moins brun, le physique ni avantageux ni ingrat, Bobba était à première vue un chien ordinaire. Et pourtant c'était bien un bouddha en chair et en os, même s'il ne portait ni tunique ni mala. Il m'a été permis de partager quatorze ans de sa vie et, jour après

3. Plat à base de pommes de terre râpées (NDT).
4. Charcuterie à base de restes de viande et d'abats (NDT).

jour, il m'a donné l'exemple d'un art de vivre aussi simple que sage. Pas une journée ne s'est écoulée sans qu'il ne m'ait donné l'occasion de rire. C'est ainsi que cet être étrange, à l'haleine de poisson et qui perdait abondamment son poil sur le canapé, n'en a pas moins gagné mon cœur.

Quand nous nous sommes rencontrés, il avait déjà derrière lui le parcours typique du chien d'aujourd'hui. Âgé d'un an et demi seulement, il avait déjà fait deux séjours en refuge et était passé entre les mains de quatre propriétaires : trop difficile, trop têtu, trop rétif à l'éducation. L'un de mes amis en avait finalement hérité. Mais il avait déjà deux chiens qui n'avaient pas réservé le meilleur accueil à Bobba. Si bien que, comme à son habitude, il tirait le meilleur parti de la situation et passait ses journées à errer dans les champs et les prés entourant la maison. C'est là qu'il s'était pris d'amitié pour un troupeau de moutons. Il passait ses journées parmi eux, à paresser au soleil et à se rouler avec le plus grand des délices dans les matières fécales de sa nouvelle famille d'élection : « Hé, sentez-moi ça, je suis l'un des vôtres maintenant ! »

Comme la situation entre les trois chiens ne cessait de s'envenimer, mon ami me demanda un jour, avec cette éloquence qui plaît tant aux nouveaux venus en Westphalie :

— T'veux pas un chien ?

Ce à quoi je me suis entendu répondre :

— Pourquoi pas ?

L'affaire fut donc conclue et mon ami passa le déposer le jour même. J'attendais dehors, dans la rue, avec impatience. Le chien sauta de la voiture, courut dans mes bras et nous sommes aussitôt devenus les meilleurs amis du monde. Tintin et Milou, Jeff et Lassie, Charlie Brown et Snoopy, Han Solo et Chewbacca[5] : des duos sans commune mesure avec le nôtre !

Il était tout simplement parfait et c'était comme s'il avait toujours été mon chien. Il n'y avait rien à remettre en question. Dès lors, nous serions ensemble pour toujours, à courir avec allégresse les prairies fleuries. (Je vous laisse ajouter le ralenti et le flou artistique…)

Il me faut quand même avouer que son odeur était à tomber à la renverse. Impossible de ne pas remarquer

5. Chers *nerds*, je suis l'un des vôtres et sais parfaitement que, dans *Star Wars,* Chewbacca n'est pas un chien. Mais il est poilu, fait de drôles de bruits et il est fidèle dans l'âme. Voilà qui, à mes yeux, est suffisant pour le classer parmi les chiens. Il s'agit là d'une distinction et non d'une calomnie ! (NDA)

son faible pour les excrétions de ruminants. Si le célèbre chien des enfers existe bel et bien, je suis sûr que son odeur est exactement la même et qu'elle donne aux âmes qui arrivent là une petite idée de ce qui les attend pour l'éternité.

Bobba était crasseux : à son pelage collait une bouillie de couleur brun verdâtre, dont l'origine me parut vite évidente et qui déclencha chez moi un besoin immodéré d'eau et de savon – de montagnes de savon ! En même temps, la manière dont il était assis là, empestant alentour sans la moindre gêne, fut aussi la première leçon gratuite qu'il me donna : « Bienvenue dans la réalité ! Ici, c'est comme ça. J'adore les odeurs que tu détestes. Les choses sont comme elles sont. Pas de quoi s'effaroucher ! »

À cette époque, j'étais encore étudiant en philosophie et une grande partie de ma vie se déroulait exclusivement dans ma tête. J'étais sous le parfait empire de Descartes : « Je passe mes journées à réfléchir à de futiles inepties, donc je suis. »

Dès les premiers instants, ce chien merveilleux m'a appris que la vie ne se déroule en aucun cas dans la tête, mais bien ici et maintenant, juste sous nos yeux. « Je suis là. À toi de jouer ! »

Aussi incroyable que cela puisse paraître, je peux dire, avec le recul, qu'un chien qui sentait la merde de mouton m'a empêché de m'égarer dans les abysses d'une philosophie non-viable et fait reprendre contact avec le monde réel.

Me voilà donc dans la rue avec mon nouvel ami à quatre pattes. Je n'avais ni collier, ni laisse, ni la moindre notion d'éducation canine. Qui plus est, tout à ma joie d'avoir un chien, j'avais complètement oublié – ce que je réalisai d'un coup – de prévenir ma compagne d'alors, avec qui j'habitais, que nous allions bientôt être trois. Son accueil fut donc glacial lorsque je rentrai avec un Bobba dont le parfum pénétrant envahit bientôt l'appartement. La discussion qui s'ensuivit prit fin sur ces mots : « C'est moi ou le chien ! » À sa place, je n'aurais pas dit ça… Après tout, j'avais toujours souhaité avoir un chien et difficile d'en trouver un meilleur que celui-là !

Bobba prit les choses en main, avant que la situation ne dégénère. Il s'assit face à ma compagne et se mit à la fixer longuement de ce regard dont les chiens ont le secret et qui vous va droit au cœur. À croire qu'il leur est transmis tout chiots par leurs sages aînés : « Quand rien ne va plus, essaie ça ! »

Une fois la situation un peu calmée, Bobba passa à la vitesse supérieure du charme et posa délicatement sa patte sur le genou de mon amie. Son regard restait le même. Il remuait tantôt un sourcil, tantôt l'autre.

Une heure plus tard, il fut clair qu'ils resteraient tous les deux. Ce point éclairci, Bobba se concentra à nouveau sur moi. Je fus son copain, sa personne de référence, son empoté d'apprenti et, jusqu'à la fin de ses jours, il ne me quitta plus d'une semelle.

Rétrospectivement, c'est comme si ce chien, par sa simple présence, m'avait fait réintégrer un monde dont je m'étais retiré depuis longtemps. À ce moment-là, j'avais commencé à m'intéresser au bouddhisme. Insatisfait que j'étais par l'irréalisme de la philosophie occidentale moderne et lassé par des professeurs frisant la sénilité, j'étais en quête d'une alternative. Je n'en gardais pas moins mes habitudes et c'est en animal intello, comme pour le reste de mes études, que j'approchai les doctrines asiatiques. D'ailleurs, le Dhammapada ne dit-il pas que nous sommes ce que nous pensons ? « Tout ce que nous sommes naît de nos pensées. C'est avec nos pensées que nous créons le monde. »[6]

---

6. Voir Dhammapada, verset 1.

Et le Bouddha ne répétait-il pas que le monde est illusion ?

Bobba ne parlait pas le pali, sinon il aurait pu me préciser que la traduction courante du Dhammapada est très ambiguë, car le premier traducteur, Thomas Byrom, avait un faible pour l'hindouisme, qui a inspiré son interprétation du texte bouddhique. Il aurait pu m'expliquer que le texte original du Dhammapada, quand il parle de « tout ce que nous sommes » et du « monde », fait simplement référence à des états mentaux et veut juste dire que notre mental et nos pensées ont une énorme influence sur notre disposition du moment [7].

Mais les grands maîtres n'expliquent rien non plus. Leur sagesse, ils la transmettent bien plus en se contentant d'être et en nous permettant – pour les plus chanceux d'entre nous ! – d'y assister. Par la manière qu'avait Bobba de s'adapter sans peine aux circonstances de la vie, sans prise de tête apparente, j'ai compris certaines choses que je ne suis capable de formuler qu'aujourd'hui, c'est-à-dire des années après.

---

7. Le texte original est le suivant : « *Manopubbangama dhamma manosettha manoyama.* » Bodhipaksa, enseignant et auteur bouddhiste qui a publié dans le magazine *Tricycle* une série d'articles remarquables intitulée *What the Buddha never said*, traduit ainsi : « Les états mentaux (*dhamma*) émanent de notre mental (*manopubbangama*), ont notre mental pour maître (*manosettha*) et son créés par notre mental (*manoyama*).

Ce chien était là, tout simplement. Il était éminemment présent et occupait naturellement sa place dans le monde. L'idée que nous créons notre propre monde par nos pensées et qu'il n'a donc pas de réalité intrinsèque l'aurait fait pouffer, avant de revenir à la dégustation de son oreille de porc séchée. Friandise mise à part, la réaction du Bouddha aurait été similaire.

Les déclarations du Bouddha n'étaient pas de nature ontologique, mais seulement psychologique. Quand il parle d'illusion, il ne veut pas dire que le monde n'a pas de réalité, mais que la perception que nous en avons est déformée et, en ce sens – et dans celui-là seulement, illusoire.

Pour autant, je puis vous assurer qu'un appartement qui sent la merde de mouton a quelque chose de bien réel, même si ma réaction était teintée d'illusion. En effet, mon jugement, selon lequel l'odeur pestilentielle justifiait le remplacement urgent des tapis et du papier peint, n'était attribuable à rien d'autre qu'à mon aversion contre les fortes odeurs.

Bobba était plus sage que moi et vivait au-delà de l'illusion. Pour lui, cette odeur n'avait été qu'une nécessité pratique visant à ne pas trop troubler par sa présence

ses copains ovins. Ni plus ni moins. Aucun jugement ni problème.

Il fit preuve de la même équanimité et ne se plaîgnit pas lorsque, le lendemain, je le lavai quatre fois. « Tantôt on sent mauvais, tantôt on est plongé dans un bain. L'instant succède à l'instant, toujours nouveau. Parfois une balle est lancée, parfois non. Parfois on va se promener au soleil, parfois il pleut et on est mouillé. Ainsi va la vie ! Celui qui, dans un monde impermanent, s'entête à penser que les choses doivent rester telles qu'elles sont souffrira inutilement. » Il ne le dit pas, mais ses yeux bruns l'exprimaient sans détour. Et je pus mettre en pratique cette leçon sur-le-champ, quand il se secoua et repeignit la salle de bains en brun vert avec l'art d'un Jackson Pollock. Rien ne demeure tel qu'en cet instant : c'est la réalité et elle n'a rien d'illusoire !

À compter de ce jour, je suis devenu un authentique disciple du Bouddha, même si je n'en ai pas pris conscience tout de suite. Il fallait que quelqu'un confrontât à l'évidence le crétin que j'étais. Et Bobba le fit toujours en passant, avec une insouciance difficile à égaler. Tout son enseignement a eu lieu l'air de rien. Entre le

jeu, la sieste et le repas, il lui restait toujours assez de temps pour me donner une leçon de sagesse. Quand, au galop dans un pré, son bonheur était tel qu'on eût pu le croire entouré de facteurs à mobilité réduite portant des sacoches pleines d'os à mâcher, il me montrait ce qu'est une joie de vivre inépuisable. De même, quand il couvrait de bave mon pantalon tout neuf histoire de me montrer que mon attachement aux choses matérielles était inquiétant, il le faisait en connaissance de cause et avec les meilleures intentions du monde, j'en suis convaincu.

Le maître et son bâton

Il n'y a qu'une seule règle : prendre conscience !

ALAN WATTS

Les premiers jours, les premières semaines, une surprise n'attendait pas l'autre. L'arrivée de Bobba me servit de prétexte pour mettre de côté Descartes et Spinoza et commencer à m'occuper de choses plus importantes. Il fallait que le chien s'adapte bien, j'étais donc sans arrêt avec lui : je lui montrais le parc, le conduisais en forêt, jouais beaucoup à la balle avec lui dehors et le jeu se poursuivait souvent à l'intérieur – ce qui n'était pas toujours une bonne idée pour la déco. Je me racontais que je le faisais pour lui, mais en réalité je le faisais pour moi. Et en bon maître zen, Bobba m'aidait avec joie.

Il était vraiment temps que je sorte de ma tête pour intégrer la vraie vie, apprendre à ressentir et prendre conscience du monde qui m'entourait.

Si jusqu'alors je n'avais été qu'un cerveau plongé dans un bouillon de culture à l'instar du professeur

Simon dans *Captain Future* [8] ou des têtes en bocaux dans *Futurama* [8 bis], je réintégrai doucement mon corps et appris à être en contact direct avec la vie. Après m'être déchaîné au parc avec Bobba, je me sentais vivant et présent, tant mentalement que physiquement, alors que plongé dans l'étude de la théorie de la prédestination augustinienne, j'avais l'impression que mon cerveau se transformait en bloc de gelée. Tout analyser, tout disséquer et tout classer en catégories par la pensée était devenu pour moi une seconde nature depuis longtemps. Si bien que mon monde était une misérable construction éclatée, privée de toute globalité, dans laquelle j'agissais aussi de façon éclatée, séparé de ma propre globalité.

Taisen Deshimaru a dit fort justement : « Les philosophes finissent parfois par devenir fous parce qu'ils n'utilisent que le cerveau frontal [9].» Ces propos ne sont pas à interpréter comme une position purement anti-intellectuelle. Les maîtres zen accordent une grande

8. *Captain Future* (*Capitaine Flam* en français) est une série d'animation de science-fiction des années quatre-vingt dont Simon Wright est l'un des protagonistes. Il s'agit d'un savant gravement malade dont le cerveau a été placé dans un récipient volant pour garantir la survie de son esprit.

8 bis. *Futurama* est une série d'animation conçue par les créateurs des Simpsons dans laquelle les têtes de nombreuses personnalités de la politique et de la culture apparaissent dans d'énormes bocaux (NDA).

9. Taisen Deshimaru : *Questions à un maître zen*, p. 80.

valeur à l'intellect, car nous en avons besoin pour faire ce que nous avons à faire. Mais ils ont en même temps conscience qu'il existe, en dehors de lui, d'autres modes d'accès à la connaissance. Et Deshimaru de poursuivre : « Or, nous pouvons penser avec le corps, penser infiniment... Mais il ne faut pas faire de catégories [10] ! »

En créant des catégories, nous réduisons notre monde et passons à côté de l'essentiel. L'un de mes professeurs a un jour qualifié la philosophie, telle qu'elle est actuellement enseignée dans les universités, d'« idéologie européenne » et nous a dissuadés, nous ses étudiants, de la prendre trop au sérieux. Plus je passais mon temps à éplucher des concepts, à les clarifier et à les classer d'une façon prétendument pertinente, plus je m'éloignais en effet du monde. La lecture d'Alan Watts a commencé à m'ouvrir les yeux :

> *Puisque la vérité est vivante, on ne peut la fixer avec quelque chose de dépourvu de vie, à savoir un concept dont la validité repose en partie sur le fait qu'il est prétendument immuable. En effet, dès que nous croyons détenir la vérité vivante, elle a déjà disparu. La vérité ne peut devenir la propriété de quiconque pour la simple*

10. *Ibidem*, p. 80.

raison qu'elle est la vie et que croire posséder tout ce qui vit est à l'évidence absurde [11].

Un peu plus tôt, au VIIe ou VIIIe siècle (personne ne sait exactement), Hanshan avait déjà formulé la même idée dans ses célèbres vers de la *Montagne froide* :

Il y a trop d'intellectuels en ce monde.
Ils ont abondamment étudié et savent absolument tout.
Mais ils ne connaissent pas leur véritable nature originelle
Et déambulent loin, si loin de la voie !
Ils ont beau expliquer la réalité en détail,
À quoi leur servent toutes ces formules vides de sens ?
Si tu te souviens, ne serait-ce qu'une fois, de la nature du Soi,
Alors s'ouvre à toi la compréhension d'un bouddha [12].

Même si j'étais encore loin de la compréhension d'un bouddha, j'avais à mes côtés un maître zen qui n'avait de cesse de me pousser dans la réalité par tous les moyens. Pour commencer, durant ces premières semaines, il resta

---

11. Alan Watts : *L'Esprit du Zen*.
12. Hanshan : *Gedichte vom Kalten Berg, Das Lob des Lebens im Geist des Zen*, Arbor Verlag.

en permanence physiquement proche de moi. Peut-être craignait-il de devoir quitter ce nouveau foyer-là aussi ? Peut-être n'avait-il pas d'autre intention que de me montrer son affection ? Peut-être voulait-il attirer concrètement mon attention sur le fait que j'étais davantage que mes pensées ? *Adieu la rumination, vive les caresses !* aurait pu être un bon titre pour l'un des livres zen qu'il n'a – et pour cause ! – jamais écrit.

Toujours est-il qu'il me collait au train, ne me quittait pas d'une semelle, saisissait la moindre occasion pour se blottir contre moi, poser sa tête sur mes genoux, contre mon épaule ou me gratifier spontanément de l'une de ses bises dont sa langue agile avait le secret, mais qui n'étaient pas franchement à mon goût.

Lorsque, le matin, je restais au lit après le départ de ma compagne, partie assurer ses fonctions d'assistante scientifique à la faculté de psychologie, je finissais par être réveillé par une odeur bizarre, qui me rappelait la mer du Nord. Et quand j'ouvrais les yeux, je me trouvais nez à nez sur l'oreiller avec un chien à la mine réjouie – un maître qui se réveille, c'est une partie de balle qui s'annonce… – et à l'haleine de hareng plus très frais. J'imagine que la femme du Captain Iglo a vécu la même chose tous les matins au réveil !

Il m'a fallu quelque temps pour faire perdre à mon chien l'habitude de venir au lit. Pour être honnête, cela n'a vraiment cessé que lorsque je me suis débarrassé de mon futon pour m'acheter un « vrai » lit. Pour Bobba, il n'y avait visiblement pas grande différence entre un matelas posé sur le sol et son tapis. Il me semble que c'est pardonnable. Ce petit était juste en manque de câlins !

Comme je l'ai déjà dit, pour Bobba tous les moyens étaient bons pour attirer mon attention sur les dimensions de la réalité situées au-delà de l'intellect. Et comme, face à un disciple qui ne comprend jamais rien, un maître doit utiliser la manière forte, j'ai goûté au plaisir douteux d'être mis à rude épreuve.

Comme les vieux maîtres taoïstes ou zen, Bobba avait lui aussi un faible pour les bâtons, avec toutefois un avantage sur ses collègues de jadis. En effet, si ces derniers comptaient un bâton parmi leurs modestes possessions, Bobba renonça d'entrée de jeu à tout bien. Il se remettait chaque jour à la recherche du nouveau bâton parfait qu'il abandonnait sans regret quand je lui interdisais de le rentrer, alors qu'il l'avait traîné jusque chez nous depuis le parc. Priver un chien de son jouet vous semble cruel ? Peut-être devrais-je préciser que Bobba, loin de choisir

de petits bâtons, jetait plutôt son dévolu sur des branches de plus d'un mètre, voire sur de petits arbres entiers. Il lui est arrivé de craquer pour de vrais gourdins, pour des frênes déracinés de deux ou trois mètres de long ou encore pour des branches de chêne que la tempête avait fait tomber et qui ressemblaient à des anacondas couverts de mousse. Parfois, l'objet de son choix était d'une taille telle que, pour le bouger, il lui fallait s'y agripper avant de reculer d'un coup avec violence. Progresser dans ces conditions – de quarante à cinquante centimètres seulement à chaque bond en arrière – prenait bien sûr beaucoup de temps, mais il ne renonçait jamais… sauf quand je faisais diversion avec un petit en-cas.

Il n'était pas rare qu'il me faille lui faire quitter l'allée et l'attirer sur l'herbe, afin qu'il ne fracasse pas les tibias des promeneurs ou ne contraigne pas les cyclistes à effectuer des manœuvres incontrôlées pour éviter la moitié d'arbre qu'il trimballait dans sa gueule. Inlassablement, il traînait ces objets particulièrement peu maniables, les baladait à travers le parc tout le long du chemin. J'imagine qu'aucun maître zen n'a eu le cou plus musclé…

Quand l'objet de son choix était d'un plus petit calibre, il adorait que nous nous le disputions. Lui à un bout, moi à l'autre, nous tirions dessus et la force qu'un chien peut ainsi déployer ne cessait de me surprendre. Arc-bouté dans l'herbe, il reculait de toutes ses forces par à-coups et mettait vraiment tout ce qu'il avait dans la compétition : une façon de vivre l'instant présent à la perfection ! Quand je finissais par lâcher prise et qu'il emportait le morceau, il secouait sa « proie » à mort, la cognait trente-six fois contre le sol, jusqu'à ce que plus rien ne bouge.

Si, à l'époque, j'avais lu avec plus d'attention les anecdotes zen arrivées jusqu'à nous, j'aurais su que le disciple doit se méfier du bâton du maître... Un jour, en effet, je me suis avancé nonchalamment vers lui, alors qu'il était à l'œuvre, pour engager l'une de nos compétitions habituelles. J'avais passé toute la matinée à ruminer, le nez dans mes livres, et m'étais posé en vain beaucoup de questions qui resteraient à jamais sans réponses. J'étais donc mentalement exténué et me sentais comme enfermé dans une bulle à penser. Une petite bagarre avec mon chien, voilà ce qu'il me fallait !

Au moment où je me baissai pour saisir la branche, Bobba décida, lui, de donner le coup de grâce à son ennemi de bois. Cette branche était-elle une canaille encore plus effrontée ou dangereuse que ses semblables déjà éparpillées au sol ? Je n'en sais rien. Toujours est-il que Bobba se mit brutalement à secouer la tête, si bien que l'extrémité qu'il n'avait pas dans la gueule vint cogner ma tempe. Je dois dire qu'une branche d'un mètre et demi de long pour environ cinq centimètres de diamètre a, quand un chien costaud la secoue, une sacrée force centrifuge. Et quand elle frappe là où il faut, celui qui la reçoit en voit trente-six chandelles. Pour ma part, je me réveillai quelques minutes plus tard, un battement sourd dans la tête, étendu de tout mon long, le visage enfoui dans l'herbe.

Bobba se tenait près de moi, l'air enjoué : « Ça y est, tu t'es bien reposé ? On peut continuer ? »

Je relevai le buste, mais restai assis par terre par mesure de précaution. Mon crâne bourdonnait. Je le palpai doucement. Les images de blessures de zombies défilaient devant mon œil intérieur. Mais, à ma grande surprise, je n'avais manifestement pas versé une seule goutte de sang. Je regardai autour de moi, surpris par l'absence de réaction des promeneurs qui avaient apparemment trouvé tout à fait normal de voir quelqu'un tomber et rester allongé le nez dans l'herbe. Je me suis aperçu par la suite que cette indifférence avait un rapport avec ce qui se passait dans le parc. Mais j'y reviendrai...

Je me levai donc, un peu chancelant, pour m'occuper de mon chien débordant d'énergie, mais qui eut quand même la décence, en la circonstance, de renoncer aux bâtons pour se rabattre sur sa balle qui couine. Nous avons joué encore un bon moment ; Bobba n'en avait jamais assez. Malgré le petit incident, l'après-midi fut beau. Et quand nous sommes rentrés tranquillement, pour cause de ventre creux, mon chien est resté tout près de moi, levant sans arrêt les yeux, comme pour s'assurer que tout allait bien.

« Ce n'était pas si mal de t'arrêter un peu de penser, non ? »

Je me faisais l'effet de l'un de ces novices des histoires zen qui, avec leurs questions d'intellos et leur besoin de tout comprendre en détail, priaient presque le maître de leur en coller une. Il existe une multitude de ces histoires et je m'en souvins alors. Autrefois aussi, il y avait à l'évidence eu des disciples incapables de renoncer à leur volonté de comprendre le tao ou l'essence du zen par la raison.

Je ne pus m'empêcher de rire en frottant ma tête encore douloureuse. Me fallait-il commencer à écrire des poèmes zen dans ce style ?

Ma pensée toute seule tourne en rond,
Dédaigne l'herbe pour l'alphabet.
Mon chien, au parc, m'a mis K.-O.

Bon, il faudra encore travailler un peu ! Mais la direction m'est clairement apparue cet après-midi-là : penser moins et agir plus. Ou, comme Taisen Deshimaru le formule si bien : « Il ne faut pas seulement de la spiritualité et de l'imagination, mais de la pratique[13]. »

Jusqu'à présent, j'avais beaucoup lu, et médité de temps à autre. L'heure était peut-être venue d'inverser et de passer davantage à la pratique. Quand je pensais correctement, je me rendais toujours compte par moi-même que les questions que je me posais étaient au fond insolubles et que toutes les réponses disponibles avaient simplement été imaginées par quelqu'un.

Pourquoi donc ne pas oublier toutes ces questions métaphysiques et faire silence ? Si elles n'ont jamais

13. Taisen Deshimaru : *Questions à un maître zen*, p. 110.

eu que le dogme pour réponse et puisque les croyances m'étaient d'autant d'utilité qu'un livre de cuisine végétarienne à Bobba, peut-être valait-il mieux oublier tout de suite toutes les questions et les réponses et se contenter de s'asseoir, comme le recommandent les maîtres zen.

D'où viens-je ? Où vais-je ? Pourquoi suis-je ici ?

Pour Bobba et tous les maîtres zen, une seule réponse à ces questions : « Aucune idée. La seule certitude à l'heure qu'il est, c'est que tu es ici. Alors, mange ton os en peau de buffle et tais-toi ! »

Le refus des maîtres zen de se laisser entraîner dans des sphères abstraites et de se poser des questions sur des choses insaisissables ou sur lesquelles il est impossible de porter un jugement explique, je le suppose, le caractère abstrus des déclarations de certains d'entre eux. Au lieu de répondre aux questions de leurs disciples avides de savoir et d'ouvrir la porte aux spéculations en cascade, beaucoup de maîtres zen avaient, en effet, recours à des formules apparemment dénuées de sens. Un artiste en la matière était sans aucun doute Joshu Jushin, qui vécut de 778 à 897 et dont une multitude d'anecdotes et d'aphorismes nous est parvenue. La plupart sont incompréhensibles à un intellect au fonctionnement « normal ». En fonction de notre propre état mental, s'intéresser à ce qu'il a dit peut être une expérience soit extrêmement frustrante, soit très amusante et délassante. Que diriez-vous d'un exemple ?

Quelqu'un demanda : « Que signifie :
"Notre fondateur est venu de l'Ouest" ? »
Ce à quoi Joshu répondit :
« De la mousse lui pousse sur les dents de devant[14]. »

Éblouissant, n'est-ce pas ? Il est arrivé que Joshu donne d'autres réponses à la même question : « Le chêne dans la cour d'entrée [15]. » Ou encore : « Une vache s'est échappée de l'étable [16]. » Mais la raison n'est guère plus avancée. Et c'est bien le but !

Si Maître Joshu donne, dans certaines situations – voire, on peut le dire, dans la plupart –, l'impression d'être fou, c'est parce qu'il s'est aperçu que notre intellect ne cesse de tourner en boucle quand de prétendues réponses nous sont fournies. Voilà pourquoi ses réponses dépassent de loin notre machine à penser. Une réponse

14. Yoel Hoffmann (éditeur)/ Joshu Jushin : *Rein in Samsara*, Anghor Verlag, 2002, p. 70.
15. *Ibidem*, p. 10.
16. *Ibidem*, p. 69.

de ce genre, au bon moment, et notre pensée est tellement troublée qu'elle s'interrompt un court instant. La réalité a alors une chance de nous parvenir. Le monde nous apparaît directement puisque notre pensée n'y fait plus obstacle. Soudain, la thèse, l'antithèse et, dans le meilleur des cas, la synthèse ne sont plus nécessaires. Seuls restent le chêne dans la cour ou la mousse sur les dents (quand on a renoncé depuis longtemps aux mesures d'hygiène élémentaires et qu'on aime rester longtemps immobile dans les bois). Les non-réponses de Joshu retirent le voile que nous avions devant les yeux et nous révèlent un monde libéré du filtre de la pensée, des concepts établis et des attentes. « Tais-toi, maintenant ! Regarde ce chêne magnifique et la vache, là-bas... Et lave-toi les dents ! »

Comme la folie de Joshu, la brutalité de mon maître n'était qu'une apparence. En tant que disciple de Joshu, peut-être aurais-je continué à me poser des questions sur cette mousse sur les dents (ça me fascine vraiment !), sans m'apercevoir que cette phrase est censée briser ma pensée. Bobba n'avait donc eu que cette solution radicale : « Tu penses trop, un coup sur la tête. » Bing ! Et ensuite pas de blabla, reprendre le jeu, ici et maintenant. Je n'aurais pas pu trouver meilleur maître ! Dès lors, je me suis assis tous les jours sur mon coussin, histoire de me sortir la tête des nuages et de revenir sur terre.

Faire les choses simplement, simplement laisser les choses être

La meilleure pratique consiste à s'oublier soi-même.

TAIZEN MAEZUMI

Fortement motivé par mon coup sur la tête, je me mis aussitôt à organiser ma pratique de la méditation. Je ne voulus plus rien laisser au hasard et abordai l'exercice à la hussarde : impossible d'échapper, matin et soir, aux quarante-cinq minutes de méditation assise. Je m'étais de plus résolu à courir tous les jours et à faire ainsi d'une pierre deux coups : équilibrer mon corps et mon esprit, et permettre à mon chien de faire de l'exercice. Et ça marchait du tonnerre ! Que du plaisir pendant quatre ou cinq jours, avant que les choses ne commencent à prendre une tournure plus pénible. Nom d'un chien, qu'il était ennuyeux de rester juste assis une heure et demie par jour à ne rien faire ! Si me concentrer sur ma respiration me parut simple au début, il fut vite évident que chaque séance ouvrait une fenêtre de temps que j'utilisais allègrement à rêvasser, à faire ma liste de courses ou à me poser d'épineuses questions : « Suis-je assis suffisamment droit ? Ou trop droit ? Est-ce bon pour les genoux de rester tout le temps ainsi assis sans bouger ? » Ou encore : « Cette moquette n'existe-t-elle qu'en version moche ? »

Le jogging, en revanche, fonctionnait assez bien. Du moins en forêt. Bobba courait à côté de moi, prenait de l'avance, revenait avant de repartir comme une flèche. Quand je courais cinq kilomètres, il en faisait au moins dix. Il avait fort à faire avec toutes les traces d'écureuils à renifler et s'amusait beaucoup à foncer dans les tas de feuilles mortes.

Au parc, les choses étaient bien différentes. Il ne tarda pas à concevoir un plan diabolique pour me couvrir de ridicule. Permettez-moi de citer celui-là parmi tant d'autres…

Si en forêt il adorait courir, dès qu'au parc il s'apercevait que je me contentais de faire des tours, l'envie lui en passait bien vite. Et au lieu de m'accompagner comme l'eût fait un ami fidèle digne de ce nom, il s'asseyait tout bonnement au milieu de l'herbe et me regardait, l'air songeur, faire mes tours dégoulinant de sueur. Il trouvait visiblement l'idée de courir autour d'un espace vert sans en profiter pour jouer d'une rare stupidité. Il restait donc assis à me suivre des yeux tandis que, tous les dix mètres, j'acquiesçais aux questions des promeneurs : « Alors, vot' chien, il a pas envie de courir aujourd'hui ? » ou « On dirait qu'il aime pas trop le sport, hein ? » Je tentais de ne pas y prêter attention et de me concentrer sur ma course, mais j'étais exaspéré – surtout par l'air narquois de mon chien. Et ce qui m'énervait le plus, c'est que je devais admettre que j'étais d'accord avec lui : courir dans un parc était assommant et n'avait rien de stimulant.

Un après-midi, alors que je m'étais une fois de plus résolu à faire mes tours tout seul, il me faussa compagnie pour aller se poster à l'ombre d'un arbre, près d'un petit ruisseau qui traversait le parc, pour m'y suivre du regard. Si bien qu'à chaque tour, je me traînais devant mon commissaire de piste à quatre pattes :

— Salut, Bob !

— Salut, cinglé !

Il aurait au moins pu me tendre une banane ou une boisson énergétique, mais c'était trop demander. Au bout du énième tour, je me laissai tomber sur le banc à côté de lui.

— Qu'est-ce que je fais là ?

— Aucune idée. J'ai l'impression que tu tournes en rond…

Mon chien avait vraiment le sens de l'humour, même s'il ne s'exprimait verbalement que dans mon imagination. Il était bon de rester assis à côté de lui, d'être juste là à écouter le clapotis du ruisseau, à sentir les derniers rayons du soleil sur mon visage. Je repris lentement mon souffle, mon cœur battit moins vite et une agréable lourdeur s'empara de mon corps.

Nous sommes restés là, tranquilles, tout un moment. L'eau du ruisseau s'écoulait sous le soleil, pendant que les oiseaux vaquaient à leurs occupations. Le silence complet se fit en moi et la présence de tout ce qui m'entourait m'absorba entièrement. Bobba piquait du nez ; il s'endormait simplement de fatigue. Je compris soudain que les chiens vivent à la manière des Indiens… du moins à en croire *Danse avec les loups*, *Bonanza* ou *La Petite maison dans la prairie*. Quand un chien se prélasse, il se prélasse ; quand il court, il court ; quand il mange, il mange ; et quand il aboie, joue, fait le fou et assomme son maître avec un bâton démesuré, il ne fait rien d'autre. Il est l'attention absolue, la présence absolue. Il n'a aucune sorte d'intention, aucun plan – et c'est la raison pour laquelle il est au cœur du tao. Alors que j'avais l'habitude d'essayer de « pousser le ruisseau », Bobba, lui, se contentait de l'écouter, jusqu'à ce que l'eau murmurant entre la terre et les cailloux le fasse glisser dans le sommeil. Ce sommeil venait comme le bruit de l'eau, tout naturellement. Bobba n'allait pas se coucher, persuadé comme nous, qu'il faut aller au lit à telle heure, parce que nous avons telle chose à faire le lendemain. Non, Bobba dormait tout simplement quand il était fatigué. Peu importe où et quand. Il méditait quand il en avait envie, quand la chaleur du vent, le frémissement du feuillage ou le gazouillis de la mésange l'y incitaient naturellement. Alors, il restait assis, les yeux mi-clos, se contentant de respirer, simplement présent. Il courait, sautait dans tous les sens quand le besoin de bouger se faisait sentir et non parce qu'il pensait qu'un peu de fitness lui éviterait une petite bedaine. Il ne prenait aucune résolution, n'élaborait aucun plan. Il se contentait d'être, d'agir spontanément et de tout son cœur. Voilà pourquoi c'était lui le maître et moi le disciple. Avec lui à mes côtés, je pouvais vraiment apprendre en regardant, en écoutant attentivement et en m'engageant dans le monde sans courir après quoi que ce soit ou vouloir à tout prix atteindre un but.

Joshu demanda à (son maître) Nansen :
« La voie, qu'est-ce que c'est ? »
Nansen répondit : « C'est l'esprit de tous les jours. »

Joshu demanda : « C'est donc ce vers quoi il faut tendre ? »
Nansen répondit : « Dès l'instant où tu tends vers quelque chose, tu l'as déjà manqué[17]*. »*

Jusqu'alors, j'avais toujours cru fermement qu'il fallait avoir un plan de vie – même si aucun de mes plans ronflants n'avait jamais fonctionné. Je ne suis curieusement pas le seul dans ce cas : nous constatons que notre plan échoue, ce qui ne nous empêche pas de concevoir un plan B dans la foulée. Si cela ne marche toujours pas comme nous le voulons, nous continuons d'égrener l'alphabet, avec lenteur mais constance, ou bien nous nous mettons à numéroter nos plans, les nombres ayant l'avantage d'être sans fin.

Il serait bien plus sage de nous arrêter et de faire le constat que les plans ne nous avancent à rien et qu'une alternative existe : elle s'appelle *vivre,* et c'est précisément ce vers quoi s'orientent le taoïsme précoce et le zen.

À ce moment-là, au bord du ruisseau, alors que Bobba s'endormait et qu'un profond silence empreint de satisfaction m'envahissait, je pris conscience que rien

17. Yoel Hoffmann (éditeur)/ Joshu Jushin : *Rein in Samsara*, op. cit., p. 5.

dans la nature n'a de plan. Le ruisseau se contente de couler pour être pleinement lui-même. L'arbre se balance sous le vent et danse au rythme de sa mélodie. Rien dans la nature n'agit comme nous, humains, l'entendons : tout est plein de non-agir, de *wu wei*, comme l'appelaient les premiers taoïstes. Tchouang-tseu, le grand poète du tao, qui a vraisemblablement vécu de 365 à 290 avant notre ère, l'exprime ainsi :

Le ciel ne fait rien.
Ce non-agir est sa sérénité.
La terre ne fait rien.
Ce non-agir est sa quiétude.
Ce double non-agir
engendre toute chose et tout acte.
Comme elle est grande et invisible
cette réalisation, cette création !
Tout émane de nulle part.
Cette invisible grandeur
ne s'explique pas !
Toute chose parfaite est issue du non-agir.
Voilà pourquoi il est dit que « le ciel et la terre ne font rien,
mais qu'il n'existe rien qu'ils n'aient fait ».

Quel être humain est capable
de se résoudre à ce non-agir-là [18] *?*

Wu wei n'est pas synonyme d'inaction. Il s'agit plutôt de laisser libre cours à l'épanouissement naturel du tao, de laisser les choses croître et prospérer, d'être à l'écoute tant du ruisseau que de son propre silence intérieur et de ses besoins naturels. Un banc dans un parc est donc le lieu idéal pour s'exercer au *wu wei*. Si l'on m'apprenait que le premier banc de l'histoire de l'humanité a été mis en place par un Chinois placide, je n'en serais pas surpris.

Comme je l'ai dit, Bobba était un maître dans l'art de répondre à ses besoins naturels. Pour lui, il n'y avait rien d'artificiel ou d'affecté. Il était toujours lui-même, sans une ombre d'hypocrisie. Il incarnait à merveille le tao, à l'image des anciens maîtres zen dont l'art de vivre fut fortement influencé par le taoïsme précoce. Il ne se souciait pas de son épanouissement naturel : il s'endormait simplement le long du ruisseau, se réveillait, regardait l'herbe frémir, puis reprenait son chemin. Il était en accord parfait avec ce qu'entendait Maître Joshu par naturel, voie du zen et vie du tao.

18. Thomas Merton : *The Way of Chuang Tzu*.

Quelqu'un demanda : « Qu'est-ce que le naturel ? »
Joshu répondit : « Voilà qui n'est déjà plus naturel [19]*. »*

Celui qui vit vraiment sa nature et suit la voie du zen ou du tao n'est pas obligé de se demander s'il le fait. J'avais donc encore un long apprentissage devant moi…

Mon chien s'était d'ailleurs effectivement réveillé et avait pris le chemin de la maison.

— Bobba ! Tu pourrais m'attendre, s'il te plaît ?

— Tu me rattraperas bien… quand ta tête t'aura enfin fichu la paix !

Ils sont comme ça les maîtres zen. À peine avons-nous compris quelque chose qu'ils nous font de nouveau passer pour des idiots !

Les jours qui suivirent, j'essayai de me détendre et de ne plus prendre mes plans autant au sérieux. Plus je les observais de près, plus je m'apercevais qu'ils n'étaient qu'une tentative désespérée visant à contrôler ma perplexité interne généralisée et à lui donner une direction. Au cours des heures que je passais à cheminer avec

---

19. Yoel Hoffmann (éditeur)/ Joshu Jushin : *Rein in Samsara*, p. 68.

Bobba au parc ou en forêt, à simplement marcher, respirer, jouer et à y trouver la paix, il me parut de plus en plus évident qu'il serait sûrement judicieux de chercher et de comprendre l'origine de ce trouble intérieur. Or, de façon paradoxale, c'était justement le fait de chercher et de réfléchir qui était la cause de cette agitation, elle qui me donnait le sentiment de devoir planifier ma vie. Était-il possible d'arrêter ? Était-il possible de juste lâcher prise, d'expirer longuement pour laisser échapper toutes ces sornettes et vivre avec joie l'instant présent ?

Je voulais au minimum essayer de moins maîtriser le monde, ma vie en ce monde et l'Être en tant que tel (s'il existait...). Alors qu'il n'était question partout que de lâcher-prise, j'avais l'impression que mon cerveau s'était mué en sabot de Denver. Je relâchai donc un peu mon emprise.

Je ne méditais plus que le matin au lever, pendant vingt à trente minutes. Je faisais du jogging quand j'en avais envie, sans respecter le programme élaboré d'un sportif de haut niveau que je ne serais, de toute façon, jamais. J'en faisais donc moins, mais avec bien plus de plaisir : le jogging facile, la méditation facile. Plus je me détendais et moins j'avais en tête l'obligation de fournir une « performance », plus tout s'allégeait naturellement.

D'obligatoire, la méditation est devenue bienfaisante. Je quittai soudain la caserne de l'illumination à marche forcée pour me retrouver dans le bain chaud du tao. Ma course devint plus légère et relâchée, mon corps avançant tout seul à travers la forêt, tandis que mon chien filait en tous sens non loin de moi.

Je tentais de prendre exemple sur Bobba en tout, lui qui prenait la vie comme elle vient et à qui il n'est sans doute jamais venu à l'esprit de devoir faire quelque chose. Être performant, s'améliorer, se rapprocher de la réalité : il ignorait tout cela. Ce sont là des idées qui ne sont venues qu'à l'homme, lui qui se sent séparé de la vie et tente, d'une manière ou d'une autre, de retrouver une unité évanouie au fil de l'existence. Bobba, lui, ne l'avait jamais quittée. Il était tout simplement lui-même, en accord avec lui-même et le monde.

Être là, le pelage offert au soleil ou à la pluie, le nez au vent, se prélasser les yeux mi-clos ou piquer un sprint à s'en faire flotter les oreilles, le tout sans intention particulière, sans but précis. Il ne voulait ni remporter les prochains championnats d'*agility* ni concurrencer le commissaire Rex. Il n'ambitionnait pas non plus d'égaler un dogue allemand par la taille ou un *saluki* par l'élégance.

Le brevet d'obéissance canine délivré par l'école du chien voisine ne l'intéressait pas plus que le prix affiché sur les étiquettes des colliers en cuir d'élan. Il n'existait pas de « yorkshire de la sagesse » qu'il eût pu prendre pour modèle ; il ne faisait pas mine d'interpréter la volonté d'un dieu canin imaginaire, histoire de réclamer une offrande aux autres chiens du parc... même si cette idée n'aurait pas été pour lui déplaire.

En dehors du monde qui s'offrait à lui chaque matin sous un nouveau jour – avec ses odeurs, ses traces, ses marques à profusion, ses écureuils effrontés, ses curieux représentants de la race féline, avec de bons repas, un tapis confortable et son crétin de maître –, il n'y avait rien de plus. Rien après quoi courir, rien à atteindre.

En comparant sa vie avec la mienne, en prenant conscience des différences qui séparent le monde du chien de celui de l'homme, je ne pouvais parfois m'empêcher de secouer la tête en pensant à ma condition (et à celle de l'ensemble de l'humanité). Pourquoi les chiens ne connaissent-ils ni les religions, ni les guerres, ni les opérations de chirurgie esthétique, ni les 4 x 4 tape-à-l'œil, ni les coachs assommants ? Parce qu'ils n'en ont pas besoin. C'est aussi simple que cela !

Pas un chien au monde n'est obligé de demander à Joshu ce qu'est le naturel. Un chien n'a pas besoin de suivre des cours d'authenticité, avec à la clé une attestation dénuée de valeur. Il est le tao sans le savoir, puisqu'un être entier ne se demande pas comment le devenir.

Par chance, l'un de ces pros de l'authenticité à quatre pattes avait décidé de passer sa vie auprès de moi, de me renvoyer sans cesse la balle et d'attirer mon attention par ses aboiements sur le chant du tao qu'il répandait sous forme de morceaux de viande séchée dans toute la cuisine.

Le bodhisattva au museau humide

Tout être est un bouddha depuis toujours.

Hakuin

Au fil du temps, vivre avec Bobba m'a radicalement changé. J'avais toujours été de ceux qui ont les livres pour meilleurs amis et se font prier pour parler de la pluie et du beau temps. Enfant, déjà, je me retirais pour lire *Les Aventures d'Huckleberry Finn* et les *Histoires de Bas-de-Cuir* et n'aurais jamais osé sortir grimper aux arbres avec de véritables amis. Les péripéties par procuration me suffisaient amplement. Au lieu d'aller explorer la forêt ou une prairie couverte de fleurs, je préférais apprendre par cœur le nom latin des insectes dans un gros livre. Il se peut que je sois devenu le cauchemar incarné de mes parents…

Mais quand on prend un chien, il faut sortir avec lui. Et c'est en connaissance de cause que je me laissai allègrement embarquer dans le monde extérieur. Cela dit, je ne m'étais pas attendu à ce que le chien par lui-même soit un tel prodige de la communication et offre sans cesse à son maître – qu'il le veuille ou non – l'occasion de faire de nouvelles rencontres, un peu comme une affichette annonçant un pot de l'amitié gratuit.

Bobba aimait tout le monde sans exception. De plus, à l'époque où il était avec moi, les chiens avaient encore le droit de se montrer sociables : les gens ne poussaient pas des cris d'orfraie quand un chien sans laisse venait à leur rencontre. Comme je l'ai déjà dit, je n'avais pas de laisse et ne voyais aucune raison de m'en procurer une : mon chien était le plus gentil du pays, tout le monde le trouvait merveilleux et il écoutait plutôt bien.

Contrairement à moi, il était curieux et tenait beaucoup à entrer en contact avec ceux qui partageaient son petit univers. Par son entremise, je faisais de nouvelles connaissances presque tous les jours. Comme un bodhisattva qui a fait le vœu de libérer chaque créature, il sillonnait le monde avec compassion, toujours prêt à déployer charme et tendresse pour le bien d'autrui. Il ne se passait pas une journée sans qu'il ne « s'adressât » justement à ceux face auxquels j'aurais préféré me faire tout petit, marmonnant au plus un « b'jour » à la dérobée. C'est ainsi que, grâce à Bobba, je laissai définitivement derrière moi ma période d'ermite.

Lorsqu'il s'asseyait en penchant la tête devant n'importe quel inconnu confortablement installé sur un banc, j'avais toujours l'impression qu'il nous présentait : « Salut, moi c'est Bobba et voici mon copain Dirk. Il n'est pas très sociable et il faut lui arracher les mots de la bouche, mais quand on l'encourage ça va… »

Et c'est ce que faisaient les gens, la plupart du temps. Même si ce genre de rencontres n'avait jamais été ma tasse de thé, Bobba me mettait sans arrêt dans des situations où je ne pouvais faire autrement que de converser sur la météo, le prix de l'essence ou la prochaine remontée (ou descente) dans le classement de l'équipe de football locale. Des questions dont je me moquais éperdument. Mais mon chien était un aimant à humains : soit il faisait en sorte d'attirer l'attention en s'asseyant face à eux, les fixant du regard de longues minutes tout en jonglant avec ses sourcils ; soit il était lui-même absorbé à renifler et à jouer, et les gens m'abordaient à son sujet.

J'avais du mal avec les échanges au cours desquels je ne servais que d'interprète à mon chien. Lorsque je lisais, assis au parc, tandis que Bobba faisait un petit somme à mes pieds, il finissait toujours par arriver quelqu'un pour parler à mon chien tout en attendant que je fournisse les réponses.

— Tu en es un gentil chien, toi ! Comment t'appelles-tu ? (Regard plein d'attente dans ma direction.)

— Bobba.

— C'est un joli nom ça, Bobba ! Et quel âge as-tu ? Tu es encore jeune, non ? (Nouveau regard vers moi.)

— Deux ans.

— Ah oui, deux ans... Et tu viens souvent ici ? (Regard de côté levé vers moi. Soupir de ma part. Livre posé sur le banc.)

— Oui, on habite ici, juste au coin.

— C'est pratique ça ! Et vous vous êtes déjà bien promenés aujourd'hui ? (Même regard.)

— Oui, on a déjà marché une heure, avant de s'asseoir pour lire.

Celui qui attend une réaction correspondante après un tel appel du pied ne connaît pas les habitués des parcs. La conversation continue de plus belle :

— Et tu as droit à une friandise ? (Yeux comme des soucoupes tournés vers moi.)

— Non, il mord ! (Enfin la paix. Regard réprobateur de Bobba. Mauvaise conscience de ma part.)

J'ai mis longtemps à comprendre que la plupart des gens qui se promènent au parc n'ont tout simplement personne à qui parler. De vieilles dames seules se procuraient des friandises pour chien dans l'unique but de s'acheter par ce « graissage de patte » un soupçon d'affection au milieu de journées toutes semblables. Et comme Bobba mangeait tout ce qu'on lui présentait – on aurait aussi bien pu lui lancer une pierre ou une bille en verre –, il jouissait d'une grande popularité.

Quand il avait reçu quelque chose une fois, il s'asseyait, aussi sage qu'un soldat de plomb, « tout sourire » en attendant la suite, puisqu'une friandise arrive rarement seule. Et la plupart du temps, il avait raison ! À la rigueur, j'aurais pu me dispenser de lui acheter à manger. Un tour quotidien au parc aurait pu suffire : le cas classique du moine mendiant réincarné !

Mais il donnait finalement plus qu'il ne recevait. Quand il fixait de ses yeux bruns les vieilles dames et glissait sa tête entre leurs mains arthritiques en remuant la queue, il leur offrait quelque chose qui leur manquait depuis longtemps : de la gentillesse à l'état pur !

J'ai fini par remarquer que cette sollicitude concrète à l'égard de chaque personne croisée pouvait m'en apprendre bien plus sur la compassion que tous les livres bouddhistes sur lesquels je tombais.

Avec Bobba à mes côtés, je pris de plus en plus conscience de l'écart qui sépare la théorie de la pratique. Tandis que je lisais ce qu'ont écrit Shunryu Suzuki, Thich Nhat Hanh, Alan Watts ou Taizen Maezumi sur le Bouddha, me creusant la tête pour savoir quelle interprétation était la bonne et comment la mettre en application dans ma propre vie, Bobba incarnait le meilleur de ces enseignements sans s'en soucier une seconde.

Je retins donc la leçon et m'adonnai de plus en plus à des discussions que j'avais auparavant tenues pour inutiles et dépourvues de sens. Elles prirent une importance croissante, à la hauteur de la joie que je lisais dans les yeux des personnes âgées qui avaient réussi, par l'entremise de mon compagnon à quatre pattes, à me faire dialoguer quelques minutes sur les étés d'autrefois, bien plus longs et bien plus beaux. Je compris que le contenu de la discussion importe peu, que ce qui compte c'est l'échange lui-même, le contact humain, la proximité.

Lorsque l'une des vieilles dames s'asseyait sur le banc à côté de moi, Bobba venait poser sur ses genoux sa tête qu'elle pouvait caresser pendant que nous parlions.

Il faisait de même sans détour avec des gens qu'il voyait pour la première fois et, bien souvent, j'eus l'impression qu'il me faisait un clin d'œil : « Pour moi, ce n'est pas grand-chose et ça les rend tellement heureux... La vie n'est faite que de petites choses... »

Si un bodhisattva est quelqu'un qui a fait le vœu solennel de libérer de la souffrance tous les êtres sensibles, alors Bobba fut sûrement un élève modèle au centre de formation du nirvâna.

Comme je l'ai déjà dit, il avait un faible pour ceux que je tentais d'éviter. Avant de passer pour un parfait misanthrope, il me faut tout de même préciser qu'à cette époque je gagnais ma vie dans une station-service et que je passais deux ou trois nuits blanches par semaine en compagnie de sans-abri, d'alcooliques, de soldats anglais complètement ivres et de travailleurs en équipe du matin. Ces derniers étaient toujours d'une humeur de chien quand ils me demandaient le tabloïd le plus populaire d'Allemagne, accompagné d'une petite bière blanche censée atténuer le tremblement de leurs mains avant qu'ils ne prennent la relève. Mon besoin de contact avec le monde merveilleux de l'abus d'alcool et de la désespérance sans fond était donc amplement satisfait. Bobba, lui, n'en avait jamais assez.

Le long du parc où je séchais mes cours de philo se trouvait une petite cité, composée de constructions basses rudimentaires et de quelques cabanes de chantier hors d'usage manifestement réservées à des gens que les mailles du filet social n'avaient pu retenir. Comme ils avaient un emploi du temps aussi rempli que celui d'un étudiant en philosophie en échec, ils aimaient s'attarder au parc, s'effondrer seuls sur un banc ou brailler en bande et s'adonner à la dégustation de bière en canette bon marché.

Et au milieu d'eux, mon chien : sans le moindre préjugé, il se plaisait à contempler cette assemblée digne de Steinbeck, imbibée mais debout. Bon gré, mal gré, je finissais toujours par les rejoindre, car l'haleine de ses nouveaux copains troublait à l'évidence les organes sensoriels de Bobba qui ne réagissait pas le moins du monde à mes appels. Et voilà comment je me retrouvais happé dans des discussions qui commençaient par des considérations sur mon super chien et finissaient par l'éloge de la baraque à kebab installée à proximité, où l'on trouvait non seulement de sacrées portions de viande de mouton découpée en tranches, mais aussi – précisément – de la bière en canette bon marché.

Au fil de mes visites croissantes au sein de ce fameux cercle, je fus frappé par la chaleur avec laquelle Bobba (et moi-même) y étions accueillis et par l'affection franche et sincère qui lui était témoignée. La présence de ce chien sympathique était une embellie au milieu de l'affligeante grisaille quotidienne et s'occuper de lui ne donnait – par chance ! – pas mal à la tête le lendemain.

Après avoir fait la connaissance de ces jeunes hommes, je ne trouvai plus surprenant que les promeneurs ne se soient pas inquiétés de moi suite à mon attaque au bâton par Bobba. Ils avaient sans doute supposé que j'étais en train de me remettre d'une dégustation de bière prolongée. Pas de quoi s'en faire, donc !

Comme dans le cas des vieilles dames que Bobba attirait à moi, je mis aussi quelque temps à m'apercevoir, concernant ces amateurs de brune et de blonde, qu'il s'agissait là de la vraie vie, à la différence des livres avec lesquels j'étais aux prises. De la vraie vie qui mérite d'être observée et peut en apprendre bien plus que les discussions théoriques sur l'ontologie, la métaphysique, l'*analyse du discours*... voire que *les douze maillons bouddhistes de la coproduction conditionnée* – même si ces

derniers ont quand même l'avantage, par rapport à la philosophie académique, de renvoyer à cette vraie vie.

Bobba transforma mon regard sur le monde et les hommes. Si, dans mon job d'appoint, j'avais jusqu'alors souvent été agacé par mes ivrognes de clients, je les vis désormais, grâce à Bobba – qui partageait avec moi ce service de nuit – comme des incitations à être là, à m'aventurer dans la vie. Je considérai cette ivresse comme une capitulation face à la tendresse subjuguante de l'Être, comme une manière pour eux de s'en protéger, de ne pas être touchés. La nuit, à mon guichet, je lisais les poèmes de Ryokan qui avait, pour sa part, un faible pour le saké, ce qui ne l'a pas empêché d'écrire quelques-uns des plus beaux vers à même d'exprimer le caractère immédiat du zen.

Bobba était heureux de voir chaque client et c'était réciproque. La nuit les rejetait, les uns après les autres, jusqu'à cet îlot éclairé aux effluves d'essence et de bière et le regard de Bobba était accueillant pour tous. Ils se baissaient pour lui tapoter la tête ou s'agenouillaient immédiatement à côté de lui pour lui offrir les gestes affectueux qu'ils avaient eux-mêmes bien trop rarement reçus.

Souvent, ils commençaient ensuite à parler, parfois pour raconter des bobards, mais parfois aussi pour se livrer sincèrement, ce qui n'est pas si courant dans notre société qui carbure à la performance et au succès.

Je servais des gens dont les mains tremblaient tellement qu'ils me tendaient leur portefeuille pour que j'y prenne moi-même l'argent. Mes yeux tombaient sur les photos jaunies de femmes et d'enfants que la personne chancelante qui se tenait devant moi n'avait plus croisés depuis longtemps. Chômage, divorce et fuite dans l'alcool – ou dans un ordre différent – étaient les ingrédients typiques de ces histoires que j'entendais, alors qu'elles étaient racontées à mon chien.

J'ai fait la connaissance d'une dame d'un âge avancé, qui faisait le trottoir depuis quarante ans et portait la douleur sur son visage, mais trouvait toujours quelque chose de gentil à dire sur Bobba et était toujours contente de le voir. La confiance lue dans ses yeux bruns libérait les gens et leur franchise m'affranchissait. Si, auparavant, j'avais été plutôt stressé à chaque fois qu'une silhouette titubante entrait dans la station-service, j'étais désormais plus détendu ; je voyais la personne et non un trouble pour ma tranquillité. J'écoutais, j'étais vraiment présent.

Ryôkan écrivit au début du XIXe siècle :

Quand je pense
Aux peines des êtres
En ce monde,
Leur tristesse
Devient mienne.
Ô ma robe de moine
Puisse-t-elle être assez ample
Pour mettre à l'abri
Tous les souffrants
De ce monde confus [20].

Rien n'avait vraiment beaucoup changé depuis l'époque à laquelle avait vécu Ryôkan et je comprenais sans peine ce qu'il avait ressenti en écrivant ce poème. Moi au moins, j'avais Bobba, qui était capable d'offrir aux gens quelque chose de concret qui leur remontait le moral.

Il venait à moi, la nuit, les cas les plus difficiles, qui ne pouvaient plus se montrer ailleurs. L'un des individus les plus surprenants que j'aie jamais rencontrés venait deux ou trois fois par mois et avait dû passer un pacte avec le diable du genre : « Si je ne me lave pas pendant

---

20. Ryôkan : *La Rosée du lotus,* Gallimard, 2002.

sept ans, la compensation se fera en or. » Avez-vous déjà vu un oiseau sur la plage après une marée noire, le plumage collé en une seule masse de la même couleur ? C'est à cela que ressemblait la chevelure de cet homme. Et ce n'est là ni une plaisanterie macabre ni une exagération ! Il puait tellement que, malgré toute ma bonne volonté, je ne pouvais le servir que dehors, ce à quoi il consentait sans rouspéter. C'était par ailleurs un type plutôt gentil, sauf qu'il donnait l'impression de sortir tout juste d'une fosse d'aisance. Il attendait poliment dehors avec Bobba, le temps que j'aille chercher son coca (il n'achetait jamais rien d'autre) et sa monnaie. Je n'ai hélas jamais osé lui demander ce qu'il lui était arrivé. L'idée du pacte avec le diable s'était insinuée dans les circonvolutions de mon cerveau, si bien que j'avais peur de finir avec un pentacle gravé sur mon corps violenté.

Bobba, lui, le trouvait juste intéressant. Il ne jugeait pas les odeurs, il se contentait de les percevoir. Quand on se roule soi-même avec délice dans la merde de mouton, il est vrai que l'expression « Je ne peux pas le sentir » n'a plus le même sens…

Toujours est-il que tous ces noctambules faisaient le constat qu'il existait un être qui les acceptait sans condition tels qu'ils étaient, avec toutes leurs cicatrices cachées, leurs manières parfois curieuses, leurs dépendances et leur puanteur. De cet être à quatre pattes, j'étais le seul à deviner la nature de bodhisattva incarné, moi qui, plus que tout autre, profitais de son exemple. En l'observant, j'en appris beaucoup sur la beauté de l'imperfection qui se révèle à chaque instant, sur l'humanité qui apparaît dissimulée derrière tant de masques et sur la proximité que les hommes – ou les hommes et les chiens – peuvent établir entre eux.

L'un de mes professeurs de philosophie d'alors, avec lequel je m'entendais très bien, a passé quelques nuits avec moi, à jouer aux cartes à la station-service. Il était à la fois surpris et curieusement fasciné par le monde qu'il y rencontrait. Je crois qu'il est l'un des seuls à avoir bien compris pourquoi j'ai abandonné mes études. Même si le job de *dealer* de bière et d'essence n'avait rien de satisfaisant en soi, j'en appris bien plus au cours de ses longues nuits en compagnie de Bobba que pendant les cours.

Ce chien était un exemple vivant d'amour inconditionnel et faisait d'une certaine façon de moi un homme meilleur. J'écoutais avec plus d'attention, bavardais plus volontiers et essayais toujours de voir l'être derrière les apparences et l'habitus auquel il faut parfois se faire. Je voulais faire preuve d'autant d'ouverture que Bobba. Et même si je n'y parvenais pas à chaque fois, je peux dire que je faisais des progrès, ces derniers croissant, je dois le dire, au contact de la vie réelle, parallèlement à la baisse du nombre d'heures passées sur les bancs de la fac.

C'est justement à cette époque que Bobba reçut, lui, une autorisation spéciale pour fréquenter l'université.

J'ai déjà mentionné le fait que ma compagne d'alors occupait un poste d'assistante scientifique à la faculté de psychologie. Avec sa professeur, elle s'occupait principalement de patients anxieux, des enfants en majorité. Certains avaient peur des insectes, d'autres de marcher dans l'herbe ou de monter en voiture. D'autres avaient tout simplement peur de ce qu'ils ne connaissaient pas ou ne savaient pas dans quelle catégorie classer. Et beaucoup avaient peur des chiens, même s'il faut préciser ici que ce sont souvent les parents qui suscitent cette peur chez leurs enfants.

Toujours est-il que nous pouvions voir au quotidien comment Bobba se comportait avec les gens, tous lui faisant immédiatement confiance. C'est ce qui donna l'idée à ma compagne d'emmener le chien aux consultations. Ce qui ne fut au départ qu'une idée loufoque est devenu, après discussion avec la professeur et rencontre de cette dernière avec le meilleur chien du monde, une forme de thérapie au fonctionnement impeccable.

Bobba reçut donc l'autorisation de fréquenter l'université et, plus précisément, la faculté de psychologie. Il participa aux consultations pour enfants et fit preuve d'une telle sensibilité qu'avec l'examen *ad hoc* il aurait pu bénéficier d'emblée d'un poste fixe assorti de la veste en velours côtelé à renforts aux coudes qui va avec. En effet, s'il avait pour habitude de se précipiter sur tout et tout le monde, il se tenait, lors des consultations, bien sage dans son coin et attendait. La plupart du temps, il restait couché sur un tapis à regarder attentivement l'enfant, parfaitement détendu : un vrai bouddha à quatre pattes ! Au cours de la deuxième consultation au plus tard, les enfants s'approchaient d'eux-mêmes et entraient en contact. Bobba supportait sans sourciller que les petites mains maladroites tapotent son dos. Les enfants lui mettaient les doigts dans l'oreille ou tiraient, par temps chaud, sur sa langue qui pendait hors de sa gueule. Il endurait tout et la peur des enfants s'envolait bien vite, tandis que les parents restaient assis, raides comme des piquets sur leur chaise, tenant à l'œil la présumée bête féroce. Dès lors, les psychologues pouvaient se concentrer sur les vrais patients et parler avec les parents de la manière dont leurs propres peurs se transmettent parfois inconsciemment.

Je dois avouer que j'étais terriblement fier de mon chien. Certes, il ne s'est agi que d'un test limité à un semestre qui ne m'a pas incité à abandonner la philosophie pour la psychologie. Mais l'effet que peut avoir sur les gens la présence d'un chien profondément détendu m'avait déjà emballé. Je reste toujours d'avis que toute forme de guérison nécessite en premier lieu la détente, et les expériences faites aujourd'hui dans les hôpitaux ou les maisons de retraite semblent aussi mettre ce lien en évidence. Or ces études sont réalisées avec des chiens « ordinaires », pas avec Super-Bobba…

Mon chien a donc quitté son job à la fac pour de nouveau passer son temps avec moi, au parc. Pour cette vie, son emploi en service officiel avait assez duré ; il occupa désormais une fonction honoraire auprès de petites dames âgées, de soiffards au grand cœur et de moi, un homme qui ne savait pas trop quoi faire de sa vie.

Sans commencement ni fin

Demeure juste ainsi,
sans saisir ni rejeter aucune structure mentale.

GUENDUNE RINPOCHÉ

En plus de l'étude du zen, je me suis aussi intéressé au bouddhisme tibétain, même si je ne l'ai découvert que fortuitement. Un ami, qui voulait se rendre dans le sud de la France pour participer à une retraite dans un monastère tibétain, me demanda si je ne voulais pas l'accompagner.

Comme je n'avais vraiment rien de mieux à faire, nous avons réquisitionné une camionnette commerciale appartenant à son père, casé sous les banquettes des bidons contenant trois cents litres de diesel acheté avec les bons d'essence de la société, puis nous sommes mis en route. Bobba fut évidemment du voyage, mon ami étant d'avis que plusieurs chiens vivaient de toute façon sur le site du monastère, alors un de plus ou de moins… Et comme, dans cette camionnette, il lui était impossible de regarder par la fenêtre comme à son habitude en voiture, il tira comme toujours le meilleur de la situation et passa la majeure partie du trajet à dormir comme une souche.

Comme nous avions pris en stop deux hippies aux cheveux longs, on nous a évidemment fait signe à la frontière de nous ranger sur le côté et notre véhicule a été consciencieusement inspecté. Je me suis demandé s'il était bien légal de transporter autant de carburant, mais me suis vite rendu compte que ma crainte d'être découvert en tant que contrebandier de produits pétroliers n'était pas fondée. Les fonctionnaires français ont inspecté toutes les poches, feuilleté tous les livres, déplié tous les t-shirts – bien assis, tout le temps de l'opération, sur les banquettes sous lesquelles se trouvaient les bidons. Nos auto-stoppeurs aux yeux cernés de rouge les observaient, déconcertés. Quand je repense à eux, je dois avouer que j'aurais, moi aussi, inspecté notre véhicule. On ne se contenterait pas non plus de laisser passer sans contrôle l'autobus de tournée de Grateful Dead ! Au bout d'une bonne heure, le cauchemar a pris fin et nous avons pu reprendre la route.

Enfin arrivés au monastère, le premier enseignement eut lieu immédiatement après l'attribution d'une place officielle pour notre « camping-car ». Le cours fut donné par Guendune Rinpoché, que je ne connaissais pas du tout à l'époque, mais qui faisait partie des grands maîtres de la lignée Kagyü dans le bouddhisme tibétain. Quand on me demande aujourd'hui quel maître j'ai personnellement connu et que je cite Guendune Rinpoché, certains bouddhistes en ont le souffle coupé tant c'était un grand homme. Bon, grand il ne l'était pas par la taille (il ne dépassait Yoda que d'une demi-tête), mais il était, c'est vrai, d'une immense force intérieure.

Bobba s'intéressa peu aux enseignements ; il passa le plus clair de son temps à vagabonder sur le site, à dire bonjour aux autres chiens – monstrueux géants hirsutes au pelage acajou, heureusement très pacifiques – et trouva des occupations typiquement canines : renifler, lever la patte ici ou là, chercher à manger et jouer.

Je fus, pour ma part, très touché par les exposés de GuenduneRinpoché et par les méditations en sa présence. Je perçus surtout une grosse différence avec la tradition zen : tout ce qu'il disait était empreint d'une incroyable chaleur, imprégné de compassion. De plus, l'agencement était très coloré et religieux, très loin de la simplicité parfois presque compulsive de la voie zen. J'étais tout aussi fasciné par Guendune Rinpoché que par l'ensemble des méditants venus du monde entier et rassemblés là. J'ai fait la connaissance d'un Canadien qui s'était tourné vers le bouddhisme après avoir, pour des raisons qu'il ne s'expliquait pas lui-même, fauché un livre de Kalou Rinpoché et nous initia aux « subtilités » de la vie monastique. Je dois dire qu'en coulisse il s'en passait de belles et je doute fort que les vieux maîtres aient approuvé les beuveries qui rythmaient la retraite. Ou n'étaient-elles limitées qu'à mon entourage proche ? Le Canadien dont j'ai parlé était déjà là depuis six mois, mais se sentait tellement bien avec nous qu'il fit bientôt partie des meubles de notre camionnette et passa le plus clair de son temps à nous montrer, preuves à l'appui, quel don Juan il était. Deux autres types, originaires de Hollande, qui campaient à côté de nous, n'engendraient pas non plus la mélancolie. À croire qu'ils avaient mis la main sur une réserve de vin cachée dans le monastère. À moins qu'ils n'aient, comme nous avec le diesel, trouvé le moyen de faire des provisions ?

L'ami avec lequel j'étais venu d'Allemagne fit la connaissance d'une véritable beauté grecque et ne se montra plus que sporadiquement. Comme, pour ma part, j'étais « pris », j'avais l'impression d'être le seul de la bande à se concentrer entièrement sur la retraite. Un vrai rabat-joie !

Toujours est-il que je restais assis plusieurs heures par jour, sous une immense tente, à écouter Guendune Rinpoché dont beaucoup de façons de voir me firent réfléchir. Me remettre à penser, enfin ! Le monde coloré du bouddhisme tibétain redonna du grain à moudre à mon cerveau : je pouvais me frotter à des idées, les décortiquer, puis y souscrire ou les désapprouver. Ça crépitait dans ma tête, comme dans les séminaires de philosophie, quand il me fallait tout maîtriser. Malgré la beauté et la chaleur de cet univers, certaines choses me hérissaient et je m'étonnai que la majorité des autres participants puisse prendre pour argent comptant certains concepts, comme la découverte des renaissances ou les prétendus pouvoirs magiques de certains lamas de haut rang. Après les dernières méditations du soir, je me promenais encore des heures avec Bobba tout en réfléchissant à ces questions, jonglant avec les théories, en acceptant certains aspects et en rejetant d'autres.

Bobba et sa rafraîchissante absence de réflexion me ramenaient toujours sur terre. Et visiblement, mon maître à quatre pattes s'aperçut qu'il ne pouvait pas se décharger ainsi de sa responsabilité sur Guendune Rinpoché. Lorsqu'à un certain stade de chaque enseignement, l'un des chiens du monastère faisait son apparition pour s'installer près de moi, Bobba le suivait toujours de près. Normalement, les chiens, même sages, n'avaient pas le droit de pénétrer sous la tente et si cela s'était produit le premier jour de la retraite, on les aurait sûrement priés de sortir. Mais quand elle tira sur sa fin, plus personne ne sembla s'en soucier.

Lorsqu'un jour, Guendune Rinpoché mentionna en passant les actes miraculeux accomplis par certains lamas tibétains, pour influencer la météo par exemple, et que je préparais déjà intérieurement ma contre-argumentation, Bobba et le chien du monastère installés à côté de moi commencèrent à ronfler bruyamment, sans la moindre gêne. Je les regardai tous les deux, incapable de me concentrer sur ce que disait Rinpoché : ce ronflement me vida littéralement la tête.

Je sentis alors qu'il m'était possible d'observer la structure de ce mental exercé à rejeter ou à acquiescer. Je m'aperçus aussi que je n'étais pas uniquement cette structure. Je pouvais m'en servir, mais aussi la laisser de côté.

Pourquoi ne pas simplement laisser telles quelles les paroles de Guendune Rinpoché que je ne pouvais comprendre ? Son expérience et son origine culturelle étaient complètement différentes des miennes. Nous avions grandi dans deux univers complètement différents. Pourquoi vouloir absolument que tout soit juste, que tout aille ensemble, que tout trouve sa place dans une « unique théorie des champs spirituelle » ? Pourquoi ne pas me contenter d'accepter ce qui me paraissait utile et laisser tout le reste tel quel ou tel que le considéraient les représentants d'autres cultures depuis des milliers d'années ? Qu'il s'agisse du Tibet, de la Chine, de l'Inde, du Vietnam, de la Thaïlande ou du Japon, il y avait, dans chaque tradition bouddhique, des éléments d'imprégnation purement culturelle, dont le rapport avec la doctrine fondamentale du Bouddha n'était que périphérique. Qu'est-ce qui m'aidait vraiment dans ma vie de tous les jours ? Quelles idées pouvais-je, en tant qu'agnostique, accepter et transposer dans ma vie ?

Méditer, voir les choses telles qu'elles sont, me voir moi-même tel que je suis, n'était-ce pas là l'important ? Certains *tulkous* et lamas peuvent – s'il vous plaît ! – voler ou apparaître en deux lieux différents en même temps ? Pour ma part, il me suffisait de connaître le calme, de faire en sorte que ma pensée tourne moins en rond, d'agir à partir d'une compréhension profonde au lieu de réagir à partir d'un manque de compréhension chargé d'émotions, de ne pas prendre mon ego pour le centre du monde et de rencontrer les autres avec amour et compassion. Je voulais m'éveiller en entrant dans le monde et les méthodes du Bouddha me semblaient prometteuses pour y parvenir. Mais les apports au bouddhisme des différentes cultures ne me paraissaient pas très importants, pas plus que ce qui distingue et sépare les différentes écoles et voies. Mon truc, c'était, à l'évidence, la vénérable tradition du « dharma à poils », qui me faisait considérer avec un peu de méfiance les autres tendances, celles qui n'incluaient pas encore la balle qui couine parmi les objets de méditation.

Cette excursion dans le bouddhisme tibétain m'avait montré que seul m'importait le cœur de la doctrine et non le reste. Cette expérience me fit regarder d'un œil neuf l'univers zen : les robes, les bâtonnets d'encens, les révérences, les gestes minutieux, la manière de réciter japonaise qui m'avait toujours tapé sur les nerfs parce que je n'y comprenais rien, tout le formalisme, toute la rigueur et l'autodiscipline qui comptaient tant pour certains méditants hypocrites. En avais-je besoin ? Ou bien ne suffisait-il pas que je m'asseye, que je reste tranquille à l'écoute de la vie qui se révélait à moi dès que j'étais capable d'oublier quelques instants mon égocentrisme ? Ne me suffisait-il pas d'apprendre ce qui était important et utile pour moi, tout en couvrant le reste de mes ronflements ?

Sur le chemin du retour, nous avons fait étape à Paris, car mon ami devait encore absolument « prendre congé » de sa nouvelle amie dans une chambre d'hôtel louée à la hâte. Je me retrouvai donc avec Bobba et, par chance, j'avais trouvé dans la camionnette une vieille corde qui me servit à le promener dans Paris. À chaque coin de rue ou presque, nous fûmes abordés par un agent de police me faisant remarquer, dans un anglais à peu près incompréhensible, qu'un chien ne devait en aucun cas être détaché et qu'il me faudrait éliminer chaque « petit pâté ».

En ce qui concerne ce dernier point, j'eus vraiment de la chance, car Bobba ne faisait jamais sur le bitume, mais uniquement dans les buissons. Il ne fit donc aucune exception dans la capitale de l'amour et préféra serrer ses petites fesses. C'est en vain que nous avons cherché un espace vert ; nous ne sommes tombés que sur de minuscules jardins publics clôturés, strictement interdits aux chiens. Je me suis demandé si les chiens parisiens portaient tous des couches et fus soulagé quand nous avons enfin pu reprendre la route. D'accord, nous avions fait la connaissance de tous les agents de police parisiens en patrouille et même croisé une vraie *grande dame* [21] française accompagnée d'une femelle caniche au collier assorti à sa robe. Mais comme les premiers nous agaçaient un peu et que les secondes avaient jeté un regard aussi réprobateur que dédaigneux sur un Bobba sans pedigree affublé d'une corde en guise de laisse, plus rien ne nous retenait sur place.

Malgré cet épisode parisien, je rentrai de France bien disposé. Je n'avais pas trouvé de nouveau foyer dans le bouddhisme tibétain, mais rencontré une tradition qui m'avait mis au défi (et le fait toujours aujourd'hui), de telle sorte que j'examinai de plus près mon approche du dharma et continuai à « dégraisser mon bouddhisme » pour le réduire à l'essentiel.

En même temps, certaines choses racontées par Guendune Rinpoché avaient pris racine en moi. Mais pouvais-je y croire ? Il avait dit, par exemple, que le

21. En français dans le texte allemand. (NDT)

bouddhisme enseigne qu'il n'y a rien en cet univers qui ne soit sans cause ; que rien n'est produit à partir de lui-même, que tout dépend de causes réciproquement conditionnées ; que tout ce qui existe a un effet dans le futur ; que l'énergie se maintient, se prolonge. En bref : qu'il n'y a pas de commencement absolu, pas de création à partir de rien, pas de vieil homme assis sur un nuage qui joue avec sa mallette de chimiste, mais plutôt un continuum d'Être sans commencement. Et ce continuum persistera à se déployer, à croître et à se transformer. Sans commencement ni fin.

Mes livres zen me l'avaient déjà appris, mais le bouddhisme tibétain traite ces idées d'une manière très différente de son expression japonaise. Chez les Tibétains, il est important de considérer notre propre vie à cette échelle infinie : nous avons toujours été, nous existons depuis des éternités et continuerons de le faire, sous une forme ou sous une autre. La veille théorie bouddhiste de la réincarnation, issue de l'environnement hindouiste du bouddha historique et qui ne joue à vrai dire aucun rôle dans le zen, est prise très au sérieux au Tibet et vécue de très belle manière au quotidien.

Les conséquences de cette façon de voir le monde me sont clairement apparues par un après-midi ensoleillé, alors que j'avais retrouvé ma place dans « notre » parc avec Bobba. Il arrive quelquefois que l'on entende quelque chose, puis qu'on le mette en mémoire quelque part et l'enfouisse comme une semence, jusqu'au moment propice lui permettant d'émerger de l'obscurité de l'inconscient.

En ce qui concerne Bobba, j'avais eu, dès le premier jour, le sentiment de le connaître et cela, depuis très longtemps. Nous étions familiers autant qu'on puisse l'être et, cet après-midi-là, l'idée tibétaine d'une perpétuelle renaissance me sembla particulièrement tangible. Bobba était assis devant moi, alors que je profitais de la soirée assis sur un banc, après un cours magistral. Il me regardait tout en jonglant avec ses sourcils étonnamment mobiles, installant comme toujours un silence éloquent. Je regardais ses yeux, leur brun profond, leur pupille noire et, tout à coup, je pris conscience, presque physiquement, du fait que l'absence de commencement était bien synonyme d'éternité et, par là même, d'infinies possibilités de rencontres. Si Bobba et moi existions depuis toujours, alors nous avions déjà été plusieurs fois père et mère l'un pour l'autre. Nous nous étions aimés et détestés, nous avions été les meilleurs amis et les pires ennemis du monde. J'avais été un renard et lui une poule excitée, puis morte ; lui un loup et moi un chevreuil. Nous nous étions chassés, mangés, enivrés en braillant aux courses de *monster trucks* et avions participé ensemble à la *Gay Pride.* J'avais été son chiot indocile, un membre de son gang, son compagnon de cellule, son épouse aimante, son assassin, son sauveur. Nous avions essayé sans succès de nous envoler sous la forme de pingouins et glandouillé ensemble dans une boîte de Petri sous la forme de bactéries.

Pas étonnant donc que nous nous supportions si bien et que je me détende de plus en plus auprès de lui. Pourquoi aurais-je dû me fâcher contre lui quand, fidèle à sa nature, il faisait des avances aux charmantes femelles caniches ? N'avait-il pas, lui aussi, essayé mille fois en vain de me dissuader de telles entreprises ? À un moment, dans une autre vie ?

Cet après-midi-là, je pus m'imaginer tout cela. Ni commencement ni fin : voilà qui signifiait un attachement infini, dans une infinité de vies et dans des rôles infiniment différents. Et, à y réfléchir, cela ne s'appliquait pas qu'à lui et moi, mais à tout être vivant en ce monde : à l'écureuil qui jouait avec un chien affamé comme avec le feu, au ver de terre qui s'efforçait d'échapper au merle, à la gentille vieille dame qui dodelinait toujours de la tête, au surveillant de parc autoproclamé en train de faire sa ronde obsessionnelle. Tous m'avaient déjà rencontré une multitude de fois, dans une infinie variété de combinaisons, soit ici, soit dans un autre univers, cause de cet univers-ci. Et ils continueraient de le faire…

Est-ce que j'y crois vraiment ? À vrai dire, je n'en sais rien ! Mais je trouve l'idée très belle et elle a sur moi un effet bienfaisant. Je sais, ça a l'air sentimental, mais quand j'examine cette théorie, je suis saisi d'une incroyable affection pour l'ensemble de ces êtres que je connais depuis si longtemps et avec lesquels je vais passer l'éternité ; et même d'un profond sentiment de concorde envers ceux que j'ai trouvés si énervants, comme le « surveillant de parc ». Il est évident que je les ai sans doute moi-même tout autant énervés, à un moment ou à un autre. Nous en aurions des choses à nous raconter, si seulement nous pouvions nous souvenir ! À quand les retrouvailles, autour d'un café, de tous les êtres qui existent ? La fête n'est pas finie tout de suite…

Mais peut-être n'est-il pas si mal que nous oubliions tout ce qui nous est arrivé dans nos vies passées. Qui a envie de se souvenir que, dans sa dernière vie, il a, armé d'un bloc et d'un stylo, verbalisé les automobilistes en infraction ? Pour ma part, je n'aurais, dans ce cas, rien contre un Alzheimer de la réincarnation !

Comme je l'ai dit, j'ignore si ces cycles existent ou non. Peut-être tout cela n'est-il qu'un jeu de l'esprit et nous vivons, en réalité, une seule fois, une vie unique en son genre, avant de disparaître à jamais. Nous mourrons, les lumières s'éteignent. C'est fini !

Ou alors cette vision tibétaine du monde peut-elle symboliser notre parenté fondamentale, une parenté qui nous relie à un niveau bien plus profond et plus concret que nous n'en avons conscience ? Toujours est-il que nos corps sont composés des mêmes éléments, de ceux-là mêmes qui se sont constitués, il y a environ quatorze milliards d'années, à partir de débris d'étoiles explosées qui se sont rassemblés pour devenir des planètes sur lesquelles se sont développés, à partir de ces mêmes éléments, des organismes unicellulaires, puis des poissons, des batraciens, des reptiles, des dinosaures, des oiseaux, des mammifères, des primates et des hommes. Les êtres vivants naissent, vieillissent et meurent, se décomposent en éléments réutilisés par la nature. Les minéraux et les protéines des êtres morts sont consommés par d'autres qui se reproduisent et donnent à ces éléments une nouvelle forme. Et ainsi de suite, sans arrêt. De la mort naît la vie qui cesse à nouveau avant de renaître.

Le lecteur versé dans les sciences naturelles pourra peut-être faire le lien entre ce processus et la théorie tibétaine de la réincarnation, et concevoir cette dernière comme le récit symbolique des processus cosmiques de création et de disparition.

Cette théorie n'est pas nécessaire pour vivre le bouddhisme au quotidien. On n'en a pas besoin non plus pour se convaincre d'adopter un comportement moral en ce monde, car elle ne sera d'aucun secours à celui qui n'en a pas envie. Je trouve cependant que c'est une belle représentation du lien qui existe entre tout ce qui est : elle nous montre que chaque être humain, chaque arbre, chaque pauvre éléphant de cirque, chaque porc à l'abattoir, chaque chien au refuge est, d'une certaine façon, une part de nous.

Bobba avait l'avantage d'être si proche de moi que je pouvais m'imaginer les vies passées avec lui. Et aurais-je dû passer l'éternité en sa compagnie que je n'y aurais rien trouvé à redire.

Des rôles et des masques

Instant après instant, chaque être émerge du néant.
C'est là la vraie joie de vivre.

Shunryu Suzuki

Bobba avait l'habitude de mettre de l'ordre. Je ne veux pas dire par là qu'il classait ses jouets sur une étagère ou qu'il laissait son coin repas dans un état tel qu'on eût pu, sans danger, marcher pieds nus dans la cuisine. Non, hélas non. Bobba s'intéressait plutôt à cette forme d'ordre qu'affectionnait Chuck Norris dans ses films d'action des années quatre-vingt.

Dans ce parc où j'allais me promener plusieurs fois par jour, il se fit vite une réputation de shérif. En cas de conflit entre deux chiens, il se précipitait. Il est arrivé que l'un d'eux soit renversé au passage, mais au moins le calme était rétabli. Bobba était un boulet de canon pacifique à poils. Même s'il ne faisait pas toujours dans la dentelle, il n'a jamais causé aucune blessure et veillait juste à ce que le comportement agressif soit étouffé dans l'œuf ou que la prise de bec cesse avant que l'un des protagonistes ne finisse chez le vétérinaire. Il m'est arrivé de songer à installer une cabine téléphonique dans laquelle Bobba aurait pu enfiler son costume de super-héros, avant d'en rejeter l'idée. Il n'avait pas besoin de porter un masque impressionnant, puisqu'il était capable de convaincre par sa seule contenance. Ce bâtard banal avait une telle énergie, une telle force, qu'il intimidait même les plus gros.

Tout se passait bien jusqu'au jour où Rocky entra en scène, ou plutôt dans le parc. Rocky, moitié de mâtin de Naples, moitié dogue allemand, était à peu près deux fois plus lourd que Bobba et doté d'un physique qui aurait pu lui valoir un job bien récompensé de chien de garde enchaîné chez un ferrailleur. Quant à son maître… Comment vous dire ? Il correspondait à mes yeux au cliché de celui qui appelle son chien Rocky ou Rambo : cheveux courts devant, longs derrière, moustache, chaîne en or et jogging en nylon. Je cherchais toujours où pouvait se trouver la caméra cachée, tant cette réalité me laissait incrédule.

Si vous attendez une histoire dans laquelle le sang coule à flots, avec pour protagonistes un croisé de mâtin et de dogue et un pur bâtard nettement plus petit qui se jettent l'un sur l'autre pour se tailler dans le lard, vous allez être déçus. Et c'est bien là le problème !

Quand Rocky et son maître pénétraient dans le parc, l'air se mettait à vibrer de testostérone. L'animal n'était non pas promené, mais exposé par son maître qui avançait, les jambes écartées, avec l'allure d'un proxénète. Une extension d'ego de soixante kilos au bout d'une laisse, sans oublier le collier à pointes qui incite à la bagarre : le rêve du caricaturiste ! Seulement le brave Rocky était bien différent de ce qu'avait cru son maître quand il l'avait acheté – sans doute sur une aire d'autoroute, près de la frontière tchèque. En effet, Rocky était un agneau, un cochon d'Inde craintif dans la peau d'un tueur, qui ne comprenait pas du tout ce qu'on attendait de lui et aurait préféré jouer à cache-cache avec un yorkshire. Dès qu'il apercevait, ne serait-ce que de loin, Bobba qui, de son côté, faisait à peine attention à lui, il se roulait sur le dos en poussant des cris plaintifs. Rouge comme un coq, son maître essayait de le pousser à se relever en tirant sur la laisse et en proférant force injures. Ce comportement effrayant de son maître ne faisait bien sûr que renforcer chez Rocky le sentiment que quelque chose n'allait pas chez ce bâtard brun. Face à un tel danger, mieux valait donc ne pas bouger du tout !

Je ne m'en inquiétais pas trop ; j'avais juste de la peine pour ce morceau de chien qui aurait vraiment mérité meilleure compagnie que cet idiot à l'autre bout de la laisse. Mais je ne pus m'en tirer à si bon compte…

Au bout de quelques mois, durant lesquels la même scène entre Rocky et Bobba s'était répétée quinze ou vingt fois, l'ego à l'évidence profondément humilié du maître finit par craquer. Si son chien était un froussard, il lui fallait au moins montrer ce que lui avait dans le pantalon !

C'est ainsi qu'un jour – et c'est tellement ridicule que j'ose à peine le raconter –, il m'arrêta et me menaça de me mettre une raclée. Sans rire ! Posté devant moi, hors de lui, la moustache tremblante, me couvrant d'invectives selon lesquelles son chien était complètement perturbé par le comportement du mien, il finit par me prévenir que s'il m'y reprenait…

Bobba était assis à côté de moi, claquant de la langue et des babines pour passer le temps, tandis que Rocky s'était évidemment remis sur le dos et louchait craintivement vers nous. J'étais, pour ma part, stupéfait, incapable de chasser de mon esprit les images de Ralf Richter dans *Bang Boom Bang* [22] et ne pus m'empêcher d'éclater de rire. Cette réaction troubla visiblement beaucoup le propriétaire de Rocky, puisqu'il se tut, se contentant de faire marcher les muscles de son visage à la manière d'une carpe de combat souffrant d'hypertension. Comme le spectacle n'était pas très édifiant, j'ai tourné les talons et repris mon chemin.

Rétrospectivement, je ne me comporterais plus de cette façon aujourd'hui, car ne pas pouvoir contrôler son rire en pareille circonstance peut avoir de fâcheuses conséquences. Je suppose que l'homme en jogging de nylon noir et turquoise était bien plus rompu que moi aux explications physiques. Mais rien ne s'est passé et je n'ai plus jamais revu Rocky ni son maître. Ils ont quitté le parc pour ne plus jamais y revenir.

Quelqu'un m'a raconté plus tard que le chien avait changé de propriétaire, ce qui ne m'a pas surpris, compte tenu de ce j'avais vécu. C'est triste pour ce beau chien croisé mâtin dogue, dont le seul tort était d'être lui-même et de ne pas correspondre à l'image que son maître se faisait de lui (du chien) et surtout de lui-même (en tant

22. Comédie allemande à succès de 1999 dans laquelle le rôle de Karlheinz « Kalle » Grabowski est incarné par Ralf Richter, acteur populaire qui joue souvent les méchants (NDT).

que maître). Ce type s'est sans doute acheté par la suite un varan de Komodo en compagnie duquel flâner sur la Reeperbahn [23].

Cette histoire est certes plutôt amusante, mais elle est davantage qu'une anecdote de plus dans ma vie de « chercheur d'ennuis ». Elle illustre une structure psychologique à l'œuvre en beaucoup d'entre nous. Nous croyons tous être « quelqu'un », quelque chose de solide, d'indépendant, de circonscrit et de, si possible, éternel. Nous portons volontiers un masque et nous identifions à un certain rôle de façon à pouvoir nous rassurer : « Ça, c'est moi ! »

Notre ego semble avoir besoin de ces limites fixes, de cette définition de lui-même. Nous ne cessons de nous assurer d'être ceci ou cela : un dirigeant d'entreprise qui réussit, un dragueur irrésistible, une mère attentionnée, un activiste pour l'environnement, une experte dans tel domaine. Plus nous nous identifions à une étiquette, plus nous nous sentons en sécurité dans ce monde intrinsèquement incertain. Au moins savons-nous qui nous sommes, faute d'en savoir plus sur tout le reste.

23. Longue avenue de Hambourg, dans le quartier de Sankt-Pauli, le long de laquelle on trouve maisons closes, bars, salles de spectacle, etc. (NDT)

Mais, évidemment, ces images de soi sont très fragiles : le dirigeant peut faire faillite, le don Juan avoir besoin d'une moumoute et de Viagra, l'activiste se heurter à ses propres exigences, la mère peut être repoussée par ses enfants qui veulent vivre leur vie et l'experte peut s'apercevoir tout à coup que ses convictions étaient sans fondement. Il en va au fond pour eux comme pour l'homme du parc qui veut être un dur et dont la représentation de lui-même est sapée par la réalité, sous la forme d'un adorable chien plutôt craintif. Souvent, une image de soi qui menace de se briser conduit à poser davantage de limites : on prend ses distances par rapport au monde extérieur, on ne laisse personne s'approcher, on défend bec et ongles ce qu'il reste de cette image, on devient agressif, sur la défensive et encore plus égocentrique.

Nous pourrions éprouver de la gratitude quand les images que nous avons de nous-mêmes se brisent, car c'est dans ces moments-là que nous nous apercevons que nous sommes bien plus que ce que nous croyons et nous persuadons sans cesse d'être.

Le bouddhisme a, à cet égard, développé une façon de voir très réaliste. Il considère le moi comme une somme de conditions, un composé influencé par nos décisions et nos actes, nos préférences et nos aversions, nos expériences et nos découvertes, mais aussi par notre éducation, certains aspects sociaux, ainsi que certaines impressions psychiques et physiques.

Shunryu Suzuki a dit : « Ce que nous appelons “moi” n’est qu’une porte battante qui bouge quand nous inspirons et expirons [24]. » Nous mourons et renaissons à chaque instant. À chaque instant, nous sommes différents d’avant, puisque cet instant laisse en nous son impression ou son empreinte. Il n’y a donc nulle part de noyau d’être fixe que l’on puisse trouver et nommer ; il n’y a qu’*anatta*, le non-soi. Puisque tout est non-soi, il n’y a donc rien à défendre et la vie peut s’écouler librement en nous. L’ego ne peut être blessé que si nous en avons un, que si nous avons une certaine image de nous-mêmes.

L’image qu’on avait de lui était parfaitement indifférente à Bobba. Il avait commencé par être un chiot, puis il avait grandi, était allé de-ci de-là, le nez au vent, et maintenant il était là. Rien de plus.

Sa vie ressemblait à celle des grands maîtres zen capables de distinguer le vide en tant qu’élément central de leur être. Cela ne veut pas dire pour autant que

---

24. Shunryu Suzuki : *Esprit zen, esprit neuf.*

leur vie était vide et dépourvue de sens, les poussant à traîner toute la sainte journée dans un restaurant de nouilles pour y assister à l'équivalent de nos *reality shows* d'aujourd'hui. Non, cela signifie plutôt que leur vie était dépourvue d'entité existant par elle-même et ne dépendant de rien. Ils étaient conscients d'être composés d'une multitude de choses qui n'étaient pas eux-mêmes.

Bobba n'était pas seulement un chien, il était aussi le soleil, l'air et la pluie qui avaient commencé par rendre sa vie possible. Il était composé d'un tas d'éléments qui n'avaient clairement rien de canin : de molécules de panse, de saucisse et d'eau, de bactéries intestinales, de peinture de balle qui couine avalée en jouant, d'une affection inhabituelle pour les chats et de son amitié à mon égard. La lumière pénétrait dans ses yeux, des photons s'intégraient à son système sensoriel, tout comme l'odeur des chiennes en chaleur à dix kilomètres à la ronde. Il était comme une membrane échangeant en permanence avec son environnement et il était difficile pour lui de distinguer l'intérieur de l'extérieur. Il ne se préoccupait en aucun cas de lui-même ni de son effet sur l'extérieur ; je ne l'ai du moins jamais surpris en train de se brosser tout seul ou de sauter de lui-même dans la baignoire. Il prenait autant de plaisir à jouer avec un chihuahua qu'avec un saint-bernard. Il pouvait rester couché tout près d'un autre mâle sans prendre la fuite en criant dans un accès d'homophobie ou penser qu'une justification était nécessaire.

Puisque, au meilleur sens du terme, il n'était « personne », il pouvait tout naturellement être tout. Il n'avait pas de lui-même une représentation unique à préserver. Il était libre, du fait qu'il n'était pas attaché à un ego imaginaire. Si le propriétaire de Rocky avait pu, ne serait-ce qu'un instant, avoir un aperçu de cette liberté, peut-être lui et son magnifique chien seraient-ils devenus les meilleurs amis du monde ?

L'ego ne se contente pas de mettre des bâtons dans les roues de ceux qui veulent faire la loi dans les parcs ; il aime aussi à prendre ses aises, au grand étonnement de tous les participants, sur la scène bouddhiste. La plupart du temps en effet, il ne suffit pas de lire son premier livre sur le dharma pour être touché par la sagesse et laisser derrière soi son ego dans un sourire serein. Un atelier de week-end ne mène pas non plus forcément à l'éveil, même si ce serait formidable. Curieusement, la pratique de la méditation, même des années durant, a peu d'effet sur certains individus, en dehors de celui de leur laisser les fesses plates. C'est ainsi que l'on rencontre facilement, ces dernières années, des maîtres zen qui se sont eux-mêmes attribué leurs titres, parce que ça rapporte et que ça donne une autorité sur les dévoués disciples. Le nombre de ces maîtres autoproclamés, qui se promènent pour rassembler le plus d'adeptes possible autour de leur ego paré de titres sur la base d'une biographie fantaisiste, est frappant.

Tout fleure parfois bon l'authenticité... jusqu'à ce que l'on y regarde de plus près. Certains enseignants racontent qu'ils ont été désignés comme successeurs dans le dharma par leur propre maître, ce qui signifie qu'ils appartiennent à une lignée remontant au bouddha historique, dans laquelle le dharma se transmet de maître à disciple. Mais si l'on s'adresse au monastère dans lequel ils ont soi-disant été formés, on constate que les moines n'ont jamais entendu parler de l'individu en question ou bien se souviennent qu'il a pris part à une clôture, mais sans jamais recevoir aucun titre. Ou encore qu'il l'a reçu parce qu'il se trouvait être par hasard le cousin ou le neveu d'un maître à qui il fallait bien trouver une place parmi les « professionnels de l'entreprise bouddhique ».

Les clans n'existent pas qu'en politique ; on en trouve aussi dans les salles de méditation, ne nous faisons pas d'illusions !

Les titres qui sonnent bien, comme *shika* par exemple, sont aussi très populaires. « Dis donc, il est même *shika*... » est-on tenté de chuchoter furtivement. « L'illumination est en vue ! » Mais quand on sait que le *shika* est celui qui s'occupe des hôtes au sein du monastère, autant dire le père aubergiste, c'est déjà beaucoup moins impressionnant.

Il est étonnant de constater combien les ego peuvent être forts, à tel point que même l'usage prolongé du papier de verre zen ne fait à l'évidence que polir le moi, sans démolir les structures de l'orgueil mal placé et du besoin de se faire valoir.

Au passage, les monastères zen japonais sont organisés avec la même névrose obsessionnelle que le fisc allemand. Tout ou presque est officiellement validé, avec le formulaire qui va avec. Par conséquent, si quelqu'un est désigné successeur dans le dharma, un document en fait état. Se renseigner peut valoir la peine !

À qui alors faire confiance quand il semble y avoir tant de gens qui, loin d'être des maîtres, se sont contentés de fixer en vain un mur du regard pour s'attribuer ensuite la légitimité de guider des disciples en relation de dépendance ou pire ? Plutôt que d'aller dans un *zendo*, je conseillerais de prendre la direction du refuge le plus proche. Le chien est, pour ainsi dire, légitime de naissance en tant que maître zen, comme le montre la check-list qui suit.

Il a quatre pattes, ne craint pas de tirer la langue en marchant, traite tout le monde de la même façon, laisse partout des traces de son passage et délivre ses conseils de bon sens sans rien réclamer en retour : c'est bon ! Il ne s'intéresse pas le moins du monde aux rapports de force, il inspire par le simple fait d'être, médite spontanément partout sans faire de chichis pseudo-spirituels : c'est bon ! Il ne fait pas de discours et n'en est pas moins un *kôan* ambulant : c'est bon ! Il s'intéresse plus à vous et à ce qui vous fait plaisir qu'à son propre ego : c'est bon ! Sincèrement, que voulez-vous de plus ?

Un chien se moque de tous les problèmes auxquels sont confrontés bon nombre de maîtres zen. Certes, il partira tacitement du principe qu'en tant que disciple vous lui offrirez le gîte et la gamelle. Mais les croquettes, les friandises, les visites occasionnelles chez le vétérinaire et le panier moelleux sont très abordables comparés aux vols en première classe, aux hébergements en hôtels quatre étoiles et aux limousines de telle ou telle pop star du zen.

De plus, le chien n'a pas d'ego à flatter en permanence et devant lequel il faille s'assujettir de bonne grâce. Il ne cherche pas à savoir si vous acceptez et mettez en pratique ses enseignements ou si vous vous sentez simplement bien en sa présence. C'est un courant ininterrompu d'amour inconditionnel et de sagesse de l'instant présent dans lequel toutes les fleurs de cerisier semblent parfaites (ceux qui ont vu *Le Dernier Samouraï* savent à quoi je fais allusion). De surcroît, il est peu probable qu'un chien vous réclame des faveurs sexuelles, histoire de vérifier votre dévouement. Au besoin, il se contentera d'un des coussins du canapé. Oui, c'est vrai, ce n'est pas agréable non plus, mais c'est toujours mieux que de servir de coussin soi-même.

Je ne puis donc que vous conseiller de frapper à la bonne porte et d'opter pour le maître à quatre pattes. Les refuges sont pleins de maîtres jeunes et vieux, petits et grands, qui vous procureront, si vous êtes attentif, exactement ce dont vous avez besoin en cet instant. Si vous êtes soumis à beaucoup de stress, il s'y trouvera un monstre de tendresse qui se promènera tranquillement avec vous et en compagnie duquel vous pourrez, par un beau soir d'été, regarder la lune se lever. Si vous avez tendance à la paresse, un petit mordu de sport qui vous tirera la couverture à six heures du matin en apportant sa laisse et son collier tombera peut-être à pic… Si, chez vous, tout est bien rangé et que vous vous obstinez dans cette voie, un roi du chaos à quatre pattes vous apprendra bénévolement à ne pas prendre la vie trop au sérieux. Une puce de chihuahua pourra vous montrer que la taille du cœur n'a rien à voir avec celle du reste du corps. Un lévrier irlandais vous surprendra en tentant de se rouler en boule sur vos genoux. Un labrador vous convaincra qu'il n'existe rien en ce monde avec lequel il ne soit pas possible de jouer et de faire le fou.

Les chiens sont comme ça. À peine ont-ils une patte dans la porte que tout change bientôt en notre faveur, même s'il nous est parfois difficile de le reconnaître immédiatement. Si Nietzsche était le « philosophe au marteau », le chien enseigne la méditation « à la tronçonneuse » : rien ne reste en place et c'est bien ainsi. De temps en temps, nous avons besoin d'être poussés dans nos retranchements sous peine de voir nos vies se figer dans la routine. S'agit-il là de zen ? On est en plein dedans !

Chouette, encore des croquettes ! La satisfaction à l'état pur

*Vous n'aurez de plaisir à avoir un chien
que si vous n'essayez pas d'en faire une moitié d'homme.
Envisagez plutôt la possibilité
de devenir vous-même à moitié chien.*

Edward Hoagland

Il y a quelques années, j'ai proposé à une maison d'édition spécialisée dans la spiritualité un manuscrit sur le thème de la satisfaction. L'éditeur, un homme ouvert et très raisonnable, m'a dit à l'époque : « Ça ne suffit pas aux lecteurs. Les gens recherchent plus que la satisfaction… »

Si je suis alors resté stupéfait, j'ai réalisé depuis que son appréciation était sans doute sacrément juste. La scène spirituelle, qui souhaite pourtant prendre ses distances avec la mentalité dominante du « plus haut, plus vite, plus loin », n'en adopte pas moins régulièrement, voire de plus en plus, une attitude similaire, qui ne se distingue de la position critiquée que par des signaux prometteurs. Nul se considérant comme spirituel n'avouerait que son principal centre d'intérêt consiste à acquérir une plus grande maison, une plus grosse voiture et à investir dans un grand fonds en actions (même si ça existe aussi, depuis qu'il est possible de s'adresser directement au service commande de l'univers). Mais une félicité permanente, agrémentée de savoirs occultes teintés d'exotisme, pourquoi pas ?

Beaucoup de chercheurs d'aujourd'hui ne se seraient pas sentis à leur aise auprès d'un maître tel que Bobba, à qui il suffisait de rester couché, le ventre plein, pendant des heures, et de contempler les reflets du soleil brillant à travers les carreaux de la fenêtre. Bobba était incapable de faire beaucoup de choses, pourtant incontournables, dans la plupart des ateliers de week-ends spirituels : il ne pouvait guérir personne en se plaçant au niveau quantique au moyen de quelques contorsions cérébrales, avant d'imposer ses pattes ; il ne savait ni parler avec les anges, ni contacter les extraterrestres pour se faire dicter de piètres préceptes de calendrier ; il n'était pas capable non plus de fournir des informations en provenance de l'au-delà permettant à la parenté réunie de savoir que l'oncle Paul, trépassé et éperdu de reconnaissance, était bien au septième ciel. Enfin, critère d'exclusion absolu pour qui veut faire carrière, de nos jours, dans le monde merveilleux de la spiritualité : Bobba n'était même pas végane ! (S'il avait poursuivi des licornes, son cas n'aurait peut-être pas été désespéré… Mais non, il se contentait de malheureux lapins !)

Voilà qui n'était pas satisfaisant selon les critères actuels : il promettait bien trop peu, sans même avoir l'art de se mettre dans la lumière ou de se vendre. Une promenade n'était pour lui rien d'autre qu'une promenade et non une excursion dans le champ morphogénétique bouleversant la vie entière. De la même façon, un jeu de balle était un jeu de balle et non une séance de thérapie dynamique à grand renfort de boules magiques cosmiques minutieusement réalisées, dans son atelier, par Nikola Tesla en personne. Les paroles n'avaient pas grand sens pour lui et la renommée de ceux qui vendent du vieux vin dans des outres neuves encore moins. Un petit somme restait un petit somme, même si d'autres se sont plu à le qualifier de *sommeil du temple* ou d'enseignement ésotérique initiatique de l'Égypte antique.

L'enseignement et les méthodes de Bobba n'avaient rien de spectaculaire. Il rayonnait simplement d'une profonde satisfaction nourrie de chaque instant et dont les effets sur moi étaient de plus en plus sensibles. Il n'exigeait pas grand-chose de la vie ; c'est la raison pour laquelle il était capable de glisser dans un sommeil satisfait face à beaucoup de situations qui auraient mis un homme au désespoir.

Imaginez que l'on vous serve, tous les jours de votre vie, la même combinaison d'aliments, que l'on vous balance sans un mot, chaque midi, une assiette de *Wurstebrei* [25] aux patates à l'eau. Tout le temps, sans pitié. Je crois que peu d'entre nous seraient encore capables, au bout de plusieurs années, de se réjouir sincèrement d'avoir au moins quelque chose à manger. Nous finirions plutôt par lancer l'assiette contre le mur en signe de protestation, tout en nous demandant pourquoi un si terrible destin nous est infligé, justement à nous. Bobba, lui, jubilait chaque jour à l'heure du repas : « Chouette, encore des croquettes ! C'est mon plat préféré ! »

Jamais il n'aurait fait le difficile. Certes, il n'aurait sûrement pas craché sur du saumon bio cuit à l'unilatérale, accompagné de ses asperges vertes, ou sur des joues de veau braisées à la mousse aux noix citronnée, mais il ne cessa jamais de se régaler de ces bouts de poulet séché au riz, tout droit sortis d'un sac de vingt kilos.

---

25. Voir début du chapitre intitulé *Bienvenue dans la réalité !* (NDT)

Je regardais ce chien se réjouir chaque fois que je remplissais sa gamelle, remuer la queue chaque fois qu'il allait dehors par n'importe quel temps, courir après sa balle pour la millième fois ou apprécier d'être longuement caressé derrière les oreilles. De mon côté, je conservais mes besoins : ces choses dont j'avais envie aujourd'hui et qui me barberaient demain ; toutes ces fringues dans mon armoire, sans compter la cargaison de livres et de CD ; le cinéma, le bistrot et la salle de sport, côté loisirs ; et côté pieds, mes chaussures de jogging, mes chaussures de randonnée, mes baskets, mes chaussures de tous les jours et mes souliers pour les grandes occasions.

En tant qu'étudiant, je ne disposais pas de la fortune d'Oncle Picsou, ce qui ne m'empêchait pas d'être conscient du luxe dans lequel je vivais et de l'absence de satisfaction qui allait de pair. Pour être franc, ma vie ne se déroulait pas forcément comme je l'avais imaginé : mon parcours universitaire oscillait entre le cauchemardesque et le comique, mes jobs de nuit étaient trop exigeants en dépit de l'expérience qu'ils pouvaient m'apporter sur la vie et, côté vie privée, je mettais fin au bout de quelques années, pour cause d'aspirations manifestement impossibles à satisfaire, à toute relation dans laquelle je me lançais pourtant l'espoir et l'amour au cœur. Je me surprenais souvent à m'accorder un petit quelque chose le matin, après mon service de nuit : un nouveau CD ou un nouveau livre, histoire de me récompenser pour ma peine. Je ne pouvais pas vraiment me le permettre, évidemment, si bien que ce système de récompense m'obligeait à assurer un nouveau service pour compenser la dépense. Avec le recul, cela semble assez stupide, mais quand on est dedans, c'est tout à fait normal et compréhensible.

En observant mon maître à quatre pattes, je ne pouvais m'empêcher d'admettre que la satisfaction n'avait rien à voir avec les choses matérielles. Bien sûr, j'avais lu cette conclusion cent fois, mais sans vraiment la comprendre. Consommer ne me rendrait pas plus heureux, quelle que soit la spiritualité des livres achetés. La « consommation spirituelle » ne se distingue que de façon marginale de la « consommation normale », tout comme la vision d'un Pégase quantique aux couleurs de l'arc-en-ciel ne se distingue guère de fantasmes érotiques ou de toute-puissance. Tout cela ne satisfait ni ne comble davantage à la longue. Les choses matérielles peuvent fermer brièvement, à la manière d'un pansement bon marché, la blessure intérieure inhérente à toute vie humaine en ce monde moderne, mais le plus souvent ce pansement ne tarde pas à se détacher, laissant en plus quelques résidus de colle.

Seule la satisfaction nous satisfait vraiment. Je sais, cela sonne presque comme un *kôan* inspiré à Maître Joshu, le matin, sur les toilettes, après une nuit passée à picoler ; mais y réfléchir en vaut la peine. La satisfaction est une disposition fondamentale et non un état que l'on atteint en ajoutant quoi que ce soit à la vie.

Bobba épousait la tradition des maîtres chan et zen, tout comme celle des premiers maîtres taoïstes, qui étaient, les uns et les autres, des gens simples, au sens noble du terme. Ils se satisfaisaient de ce qu'ils avaient, étaient capables de demeurer dans l'instant et n'étaient pas, en permanence, soumis à la peur de perdre quelque chose ou mus par l'espoir de gagner autre chose. Comparés à beaucoup de leurs contemporains, ils étaient pauvres et comparés à nous, Occidentaux modernes, nombre d'entre eux ne disposaient que du minimum vital. Et pourtant, ils semblent avoir eu un avantage sur nous : la faculté d'être heureux. Beaucoup de contemplatifs orientaux prenaient visiblement plaisir à observer la nature ; une multitude de poèmes chinois et japonais sont, en tout cas, émaillés d'images naturelles. Et ces images illustrent régulièrement un même phénomène : la nature change, tout s'écoule, tout a sa beauté propre, révélée à qui sait regarder en profondeur. Et celui qui le fait ne voit pas uniquement cette beauté ; il voit aussi qu'il n'en est pas séparé, qu'il est lui-même un élément important en ce monde, sans lequel celui-ci serait moins beau et plus terne.

Je pouvais observer au quotidien combien Bobba était satisfait et heureux d'être en cet endroit précis, ici et maintenant. Il avait tout naturellement trouvé et pris sa place, sans jamais se demander s'il était suffisamment bon ou aimable, s'il dérangeait ou s'il avait le droit d'être là. Jamais il ne s'était posé toutes ces questions qui rendent malheureux tant de gens. Il n'y avait pas de différence entre la nature et lui et comme rien, dans la nature, n'est superflu ou dépourvu de valeur, Bobba n'était pas obligé de faire quoi que ce soit pour se convaincre de sa propre valeur. C'est la même chose pour n'importe qui, mais nous avons souvent du mal à le reconnaître. Alan Watts, l'un des enseignants les plus convaincants, à mes yeux, de la sagesse orientale, dit :

En adoptant la bonne perspective,
nous sommes tous des phénomènes naturels
aussi extraordinaires que les arbres, les nuages, les motifs

dans l'eau qui coule, le tremblement du feu, la disposition des étoiles dans le ciel et la forme d'une voie lactée.
Nous sommes pareils aux phénomènes cités
et sans défaut tels que nous sommes [26].

Pour vraiment comprendre ces liens et les ressentir sans se contenter d'une approbation intellectuelle, il n'y a, si j'en crois mon expérience, guère de meilleure méthode que de vivre avec un chien et de méditer avec lui. En restant juste assis dans un parc à contempler calmement la nature, nous pouvons apprendre tout ce qui est nécessaire à une vie heureuse et réussie. Là précisément, sur ce banc usé, nous pouvons nous laisser ramener, par la simple présence de notre compagnon à quatre pattes, à l'instant présent dans lequel tout, y compris nous-mêmes, s'épanouit en accord avec sa nature.

Au milieu des arbres, des murmures du vent, des bruits de gueule mouillés de notre poilu préféré qui fait claquer d'aise sa langue et ses babines, des oiseaux qui gazouillent, nous reposons, satisfaits, dans le tao originel, chaque souffle relié à ce qui se présente en cet instant.

---

26. Alan Watts : *Still the Mind, An Introduction to Meditation.*

Et, alors que nous sommes juste assis là, sans rien faire, sans vouloir atteindre quoi que ce soit ou courir après quelque chose, nous considérant comme une part de vie qui se contente d'être *là*, nous nous apercevons que seule la satisfaction nous satisfait vraiment.

Maître Ryôkan décrit la simplicité de sa vie en des termes qui sonnent comme une exhortation à notre monde moderne et en disent long sur la satisfaction qui l'accompagnait :

Ma cabane se trouve dans une épaisse forêt ;
tous les ans, le lierre grimpe plus haut.
Rien ne me parvient des affaires humaines,
hormis, à l'occasion, le chant d'un bûcheron.
Le soleil brille et je rapièce ma robe.
Quand la lune se lève,
je lis des poèmes bouddhistes.
Je n'ai rien à raconter, mes amis.
Si vous voulez découvrir le sens,
alors cessez de courir après tant de choses [27].

Le recueil de poèmes d'où sont extraites ces lignes a un titre soulignant la simplicité de Ryôkan et le fait qu'il ne possédait quasiment rien : *One Robe, One Bowl*. Ce titre

27. Ryôkan : *One Robe, One Bowl.*

me revenait toujours en mémoire chaque fois que je changeais de logement avec Bobba. Tandis que je remplissais je ne sais combien de caisses de livres, de fringues, de vaisselle et de fourbi, ces affaires à lui étaient vite emballées. Tout ce qu'il possédait se résumait à une gamelle pour manger et une gamelle pour boire (à laquelle il ne touchait presque jamais, préférant l'eau des flaques), à une balle qui couine, un frisbee et un tapis. Adorable, non ? Quand mes bras s'allongeaient à force de porter les caisses, j'ai souvent souhaité être comme lui ou comme Ryôkan. Et, à sa manière inimitable, Bobba m'a aidé à exaucer ce vœu.

J'avais reçu en cadeau de mon oncle, seul membre de la famille à avoir atteint une certaine aisance, un fauteuil à oreilles – monumental, mais magnifique – provenant de son petit hôtel. Le genre de pièce de mobilier que l'on ne fabrique plus nulle part : un bois superbe, une belle étoffe vert foncé, un rembourrage toujours intact après trente ans d'usage à l'hôtel. Ce fauteuil était mon meuble le plus précieux et sa présence contrastait au milieu des étagères Ikea qui composaient le reste de mon ameublement.

Mais j'adorais ce fauteuil. Il n'y avait rien de plus agréable que de s'y mettre à son aise pour livre un bon livre. Vous devinez peut-être déjà où je vais en venir… Je veux toutefois souligner le fait que, jusqu'alors, Bobba n'avait jamais rien abîmé. C'était le savoir-vivre personnifié, un gentleman anglais dans un corps de chien, en plus de sa copieuse expérience en matière d'enseignements bouddhiques.

Pourtant, un jour où je m'étais résolu à aller à l'université et y étais resté un peu plus longtemps que prévu, je constatai à mon retour que les hordes à cheval de Gengis Khan s'étaient manifestement abattues sur mon appartement, mon chien vaillant n'ayant survécu que grâce à son karma exceptionnel. Alors qu'il avait l'habitude de m'accueillir à la porte, je le trouvai, ce jour-là, assis dans le séjour, triomphant au milieu d'un tas de petits lambeaux de tissu vert foncé. Du fauteuil, il ne restait plus que le cadre de bois et les ressorts : un sacré boulot, je dois dire ! Tout ce qui pouvait s'arracher du fauteuil avec les dents et les pattes était répandu dans la moitié de l'appartement. Aucun morceau de revêtement ou de rembourrage n'excédait la taille de ma paume, d'où la fierté de Bobba. Il était épuisé – ce qui n'était pas surprenant –, mais de bonne humeur. Haletant joyeusement, il était assis devant les misérables restes de mon fauteuil de lecture, l'air aussi innocent qu'un agneau.

Je me suis demandé ce qu'il avait bien pu faire en mon absence. S'était-il amusé à être un tigre à dents de sabre aux prises avec un mammouth de fauteuil ? Était-il, pirate à quatre pattes pris de frénésie meurtrière, parti à l'abordage de ce bateau vert ennemi ? Avait-il commencé prudemment et furtivement à grignoter un coin, puis pris plaisir au jaillissement du rembourrage jusqu'à ce que, soudain – oh ! –, il ne reste plus rien d'un meuble deux fois plus lourd que lui ? Faute d'explication, je restai planté au milieu du séjour.

Gronder un chien quand ce qu'il a fait remonte à plusieurs heures ou le punir n'est, à mon avis, pas judicieux. Pour quoi faire ? Il avait sans doute été lui-même bien surpris de constater qu'un innocent simulacre d'attaque ait pu mettre si vite à genou le monstre vert.

« Au moins, le prochain déménagement sera plus facile », me dis-je. Et une fois que j'eus mis à la cave les restes du fauteuil jusqu'au prochain ramassage des encombrants, mon séjour fut clairement plus spacieux. Bien agréable, il est vrai…

« Tu vois ! C'est bien comme ça. » Seul pouvait penser de cette façon un être que le concept de propriété n'avait pas encore atteint. Me serais-je transformé en

Hulk ou aurais-je massacré sa gamelle de rage qu'il n'en aurait pas moins réagi avec la même égalité d'humeur : « Puisque c'est comme ça, je mangerai par terre. Pas de problème ! »

Je me contentai donc de rejoindre le parc avec lui, en espérant que cet incident resterait un plaisir unique. Nous avons joué avec son frisbee et Bobba me montra que, malgré l'aventure avec le fauteuil, il disposait encore d'une étonnante réserve d'énergie. Il courut comme un fou jusqu'au moment où il réalisa qu'il avait vraiment très soif. Le frisbee dans la gueule, il avança jusqu'au ruisseau et but un peu. Évidemment, le frisbee lui échappa avant de s'enfoncer dans la boue, au fond du ruisseau.

Il fut intéressant d'observer comme il avait l'air bête et tout autant à quelle vitesse il prit son parti de cette perte. Il était temps, de toute façon, de prendre du repos. Nous nous sommes donc retrouvés assis, une fois encore, à somnoler sous le soleil de l'après-midi. Comme le dit si justement Raymond Smullyan, les chiens donnent l'impression de « suivre le cours du tao du matin au soir [28]» et Bobba en apportait, une fois de plus, la preuve. Le fauteuil comme le frisbee appartenaient au passé et ce que l'on ne peut changer n'a pas à susciter de regret. Il ne se demanda pas non plus si j'allais sortir le lendemain lui acheter un nouveau frisbee. Et s'il avait reçu de l'argent de poche, il ne lui serait sûrement pas venu à l'idée non plus de me trouver un nouveau fauteuil. Le lendemain ne l'intéressait pas plus que la veille. Ce qui lui importait, c'était le moment présent, c'était d'être avec moi, son meilleur ami, qui se détendait sur ce banc pendant que lui se contentait d'observer les insectes se balançant au bout des brins d'herbe.

Mon souffle allait et venait tout seul, sans que j'aie rien à faire. Ma paroi abdominale se soulevait et s'abaissait au rythme de ma respiration, mon cœur battait, deux canards passaient sur l'eau en nasillant. Je sentais la chaleur de l'air, la brise délicieuse et légère promenait avec elle le parfum du lilas.

Tout était sans défaut en cet instant. Tout était exactement à sa place et je ne possédais vraiment rien : je ne cherchais pas à saisir quoi que ce soit, je n'aspirais à rien, je ne voulais pas être un autre. Bobba cligna de l'œil : « Seule la satisfaction nous satisfait vraiment… À l'exception peut-être d'une gamelle pleine de cœurs de poulet ! »

---

28. Raymond Smullyan : *The Tao is silent.*

Lance la balle ! La vie n'est pas souffrance

Le chien est le dieu de l'exubérance.

HENRY WARD BEECHER

Au début de la vingtaine, on est, comme il se doit et faute d'être autre chose, existentialiste. On s'oppose violemment à un monde dont l'absence de sens nous accable. On pense devoir créer soi-même ce qui est bon et juste dans la vie. Et quand à Sartre, Camus, Beauvoir et l'oncle Heidegger viennent se joindre Lacan et la lumière froide de la psychanalyse braquée sur votre histoire d'amour, il est logique de devenir un professionnel de l'échec.

Le Bouddha arrive alors à point nommé. Du moins, tant que l'on ne sait pas en quoi consiste exactement cette histoire de méditation. Robert Thurman résume ainsi :

Les enseignements bouddhistes sont souvent mal compris. Ils sont mal transmis, comme si le Bouddha s'était reconnu dans tous les grincheux de la terre et comme le premier de tous. « La vie est souffrance, alors fais en sorte d'y échapper », aurait-il dit. Comme c'est navrant et désolant !
Mais, en réalité, le Bouddha ne nous a pas définitivement condamnés à une affliction et à un malheur inévitables. Bien au contraire : il a découvert et annoncé que se libérer entièrement de la souffrance, qu'une joie extraordinaire et durable est possible pour tout être vivant [29].

« La vie est souffrance » n'est que la première des quatre nobles vérités formulées par le Bouddha. Isolée, elle donne l'impression que le dharma n'est qu'une échappatoire nihiliste de plus : le monde est moche et la souffrance est toujours au bout de la route. Alors, mieux vaut s'en aller ! Mais il y a quatre vérités et non une seule et, pour comprendre ce que voulait vraiment dire le Bouddha, il faut considérer ses quatre déclarations ensemble. On s'aperçoit alors vite qu'il ne s'agit pas d'une série de dogmes, mais qu'il est plutôt question de reconnaître le

---

29. Robert Thurman : *La Révolution intérieure.*

mouvement de la vie, que la vraie liberté consiste à suivre ce mouvement et non à s'y opposer mentalement.

La deuxième déclaration du Bouddha concerne l'origine de la souffrance, la troisième évoque le fait qu'il existe une voie permettant de l'abolir et la dernière des quatre nobles vérités a trait à la voie permettant cette abolition de la souffrance. Ce que le Bouddha enseignait n'était donc pas la souffrance, mais une voie menant hors de cette souffrance inutile jusqu'à la liberté.

Mais je n'ai pas l'intention de vous ennuyer avec une exposition théorique des doctrines bouddhiques fondamentales. Je veux juste insister sur le fait qu'avec ses déclarations le Bouddha ne voulait pas aligner les dogmes, même si le concept de « quatre nobles vérités » peut suggérer que c'est de cela qu'il s'agit. Le Bouddha, qui ne se considérait pas comme un être particulier, mais comme un homme ordinaire, n'a sûrement pas qualifié lui-même ses découvertes de « nobles vérités » dans le but d'étouffer dans l'œuf toute critique, grâce au respect imposé par l'adjectif « noble ». De telles formulations sont clairement des développements ultérieurs, issus de la professionnalisation du bouddhisme par une caste de moines qui, comme dans toutes les religions, ne voyait pas la contradiction d'un très bon œil.

Mais revenons à ce qui nous intéresse ! Le Bouddha n'a donc pas dit : « La vie est essentiellement souffrance », mais plutôt : « Il n'est pas possible, dans la vie, d'éviter complètement les expériences douloureuses. » Autrement dit : « Toute personne connaîtra, un jour ou l'autre, dans sa vie, la peur ou la douleur. » Puis il poursuit en montrant que c'est surtout le fait que nous tenions à certaines idées qui nous fait souffrir : l'idée que nous nous faisons de nous-mêmes, notre idée de la vie telle qu'elle devrait, selon nous, se dérouler ou du monde tel qu'il nous plairait qu'il fût. Or, si nous sommes capables de renoncer à ces idées et de voir le monde tel qu'il est, certes nous connaîtrons encore la douleur, nous vieillirons, nous connaîtrons la maladie et nous mourrons, mais au lieu d'en souffrir, nous ferons, en acceptant tout cela, l'expérience de la liberté. On peut aussi le dire différemment : si nous pensons devoir rester éternellement jeunes pour être appréciés par quelqu'un, l'inévitable vieillissement de notre corps nous fera souffrir ; si nous pensons être immortels, certains processus de décomposition nous feront horreur.

Le Bouddha partait juste du principe que toute souffrance peut être surmontée en l'examinant, en la regardant vraiment et en comprenant d'où elle vient.

L'expression erronée « souffrir comme un chien » permet peut-être de mieux expliquer le phénomène de la souffrance. Quelle formule idiote ! Certes, un chien a mal quand il a marché sur un morceau de verre ; mais après s'être blessé, il ne souffre pas en se posant du matin au soir des questions du genre : « Pourquoi moi ? Mais pourquoi, mon Dieu ? Qu'ai-je fait pour mériter ça ? Peut-être aurais-je dû m'abstenir de chiper cette saucisse sur la table ? Peut-être n'aurais-je pas dû mordre les témoins de Jéhovah qui sonnaient à la porte ? »

Il ne se désole pas parce qu'il boite pendant quelques jours ou doit porter un bandage. Il ne se demande pas si les femelles caniches qu'il croise au parc le trouveront désormais moins séduisant ou si ses perspectives de carrière au sein de son équipe de sport canin sont compromises. Tout cela ne l'intéresse pas. En ce moment, il a mal… mais c'est tout !

Il n'a pas d'ego humain qui puisse se sentir vexé ou humilié. Et il ne nourrit pas d'idées sur ce que doit être sa vie : il sait juste comment est sa vie, comment elle est, concrètement, en ce moment. L'instant suivant, cette vie et la manière de la ressentir auront déjà changé. L'acceptation de ce changement est l'art de vivre illustré par le bouddhisme et le taoïsme précoce. Le tao, c'est-à-dire notre vie, est comme une rivière qui ne cesse de couler : soit nous nous laissons porter sans effort par cette rivière jusqu'à l'océan de l'Être, soit nous luttons contre le courant, nous nous épuisons et nous souffrons du fait que les forces finissent par nous abandonner et qu'il nous faille, de toute façon, céder à la rivière.

Voici ce qu'écrit Alan Watts à ce sujet dans son excellent livre *L'Esprit du zen* :

> *C'est le cours de la nature, le principe qui provoque, dirige le changement, l'incessante continuité de la vie qui, pas un instant, ne reste immobile. Pour le taoïsme, ce qui est absolument immobile et parfait est mort puisque, sans possibilité de croissance et de changement, il ne peut y avoir de tao. En réalité, il n'y a rien au monde qui soit tout à fait parfait ou immobile. Seule la pensée humaine est à l'origine de pareilles idées et ce sont précisément celles-là qui (...) sont à la base de la misère humaine. Car l'homme s'accroche à des choses dans l'espoir vain qu'elles restent telles qu'elles sont (...) ; il rechigne à s'accommoder du changement ; il ne veut pas laisser le tao suivre son cours* [30].

---

30. Alan Watts : *L'Esprit du Zen.*

Quand Watts parle d' « espoir vain », on peut prendre la formule à la lettre, car c'est bien la vanité humaine qui crée l'attachement et toute la souffrance qui va avec. Pour quiconque se prend pour le centre du monde, pour le sommet de la création et passe son temps à se demander « Et moi dans tout ça ? », il est bien sûr difficile d'accepter que certaines choses échappent à son contrôle et ne se déroulent pas selon ses vœux.

Les chiens n'ont pas cette vanité. Ils s'engagent pleinement dans le monde et dans son changement permanent sans se sentir, comme nous, à l'écart de lui. Ils maîtrisent l'art de prendre les choses telles qu'elles viennent. Il existe même, parmi les chiens de ce monde, une société secrète de conjurés dont les membres ont perfectionné cet art et en font la démonstration : je parle des chiens à trois pattes. Il y a un certain nombre de chiens qui, suite à un cancer ou un accident de la route, perdent une patte. Mais ces animaux ont une profonde compréhension de la voie du tao et des enseignements du Bouddha qui mènent de la souffrance à la liberté. Au lieu de se désespérer, ils se baladent simplement, à l'issue d'une convalescence relativement courte, en sautillant sur trois pattes. La sensation est différente, mais le plaisir est le même ! Quiconque a déjà observé l'un de ces chiens sera d'accord avec moi pour dire que la différence est imperceptible, que leur joie de vivre est intacte et qu'il faut parfois y regarder à deux fois avant de constater qu'il leur manque bien une patte.

Si le corps d'un chien n'est pas à toute épreuve, son mental, si ! Un chien peut s'oublier lui-même dans le sens où il n'a pas d'ego à chouchouter et à rassurer au quotidien sur son importance. Sans idée de moi immuable, la souffrance se cherche en vain une victime et il s'ouvre un vaste espace dans lequel la joie peut fleurir sans intention. Les chiens le savent… comme Lao-tseu, Tchouang-Tseu ou encore le Bouddha, Houang-po et Hanshan.

Il est dit, dans les légendes populaires bouddhistes, qu'à la différence de nous, le Bouddha était capable de se souvenir de toutes ses incarnations précédentes. Il aurait vécu, avant même son illumination définitive, des moments durant lesquels son ego s'écartait pour faire place à une insondable joie. Le Bouddha n'était pas un grincheux, comme nous l'avons constaté avec Robert Thurman en début de chapitre. Il se souvenait sûrement d'une vie passée sous la forme d'un chien, quelque part, dans un village où les enfants adoraient les chiens et pouvaient jouer à la balle avec eux la moitié de la journée. Quelle plus belle expression non simulée de la joie qu'un chien en train de jouer ? Je parie que le Bouddha était d'expérience du même avis.

Quand on observe un chien foncer de-ci de-là et enfoncer sans retenue sa gueule dans l'herbe pour saisir une petite balle qui couine avant de la rapporter, rayonnant de joie, à son maître ou à sa maîtresse, il est impossible de considérer la vie comme une souffrance et il nous est donné de voir l'une des plus belles incarnations de la libération.

« La vie est souffrance » sonne plutôt comme le slogan publicitaire lugubre d'une entreprise de pompes funèbres bouddhiste.

Quand Bobba jouait, il était la balle, il était la course, le mouvement, la saisie, la relance, la terre retournée, le halètement, la joie pure, la main de son copain humain, la bave sur le feutre de la balle de tennis. Et c'est là le secret !

Bobba savait me montrer comment s'engager complètement dans une action et s'oublier totalement soi-même, au sens de laisser de côté son moi. Lancer, courir et attraper ne faisaient qu'un pour lui. Il ne tenait pas à faire les choses bien, il voulait juste se livrer à la joie qu'il ressentait. Évidemment, cela peut être un peu fatigant pour la machine à lancer à deux pattes de cet accro de la balle, et si vous avez déjà souffert d'une inflammation de la coiffe des rotateurs de l'épaule, vous savez de quoi je parle… Mais le chien ne fait rien d'autre que s'amuser !

Le plaisir dure le temps qu'il dure. Le chien finit par fatiguer ou bien quelque chose d'autre attire son attention. Et il laisse la balle là, sans regret : l'instant présent est différent de celui d'avant. Ni meilleur, ni moins bon, simplement différent. Le tao s'est modifié et a pris une autre forme. S'il avait encore à l'instant la forme d'une balle sans défense qui bondit et s'enfuit, il a maintenant celle d'un jambon-beurre dans la main d'un promeneur inconnu.

L'essence du zen, ce tao qui se déploie, cette rivière de la vie semble elle-même avoir le goût du jeu et ne pas se prendre trop au sérieux : elle coule simplement à sa guise, se transforme en permanence, tantôt tranquille, tantôt impétueuse, et n'a rien contre le fait de se dissoudre dans la mer pour revenir à travers les nuages, la pluie, puis la source.

Ce bon vieux Ryôkan avait aussi intériorisé le phénomène quand il allait de village en village, des balles de laine dans ses manches, et faisait le fou avec les enfants :

C'est en jouant, oui en jouant
que je traverse ce monde confus :
là où je me trouve,
n'est-il pas bon de disperser
les mauvais rêves des autres [31] ?

Il est sûr que Bobba dispersait les miens. Quand je ruminais trop, il était là pour faire apparaître une balle comme par magie et se mettre à ma disposition comme compagnon de jeu. Quand une relation cassait par ma faute, que je m'en faisais le reproche, il était prêt à m'accompagner au parc avec son frisbee, même s'il avait brièvement trouvé curieux qu'un membre de sa bande emballe ses affaires avant de disparaître.

Comme il ignorait les reproches que l'on se fait à soi-même et qu'il ne savait pas ce que sont un ego blessé ou des attentes déçues, il n'y avait rien qui pût freiner son heureuse nature.

---

31. Ryôkan : *La Rosée d'un lotus.*.

Quitter un logement de cinq pièces pour un studio ne le dérangeait pas plus que le temps qu'il fait. Lorsque je mis un terme définitif à mes études, me torturant les méninges pour trouver une voie professionnelle, il préféra jouer au chat avec moi. Quand, à ma grande surprise, je me vis offrir le meilleur job du monde et que tout sembla tourner pour le mieux, il voulut faire une partie effrénée de lutte à la corde.

Les choses changeaient, c'est tout ; aucun problème pour lui. Il troqua de bonne grâce sa place sous la table de la cuisine contre une nouvelle sous mon bureau, au travail. En le regardant ronfler paisiblement, je m'aperçus qu'à aucun moment il ne se considérait comme particulièrement important, raison pour laquelle il était l'être le plus heureux du monde.

Je me souviens des mots qui ouvrent le chapitre consacré à la pratique de la méditation dans l'ouvrage de référence d'Alan Watts intitulé *Still the Mind* :

> *Malgré ma sincérité, je ne suis jamais sérieux et je ne crois pas que l'univers le soit particulièrement non plus.*

Les problèmes surviennent en ce monde principalement parce que beaucoup de gens se prennent très au sérieux, au lieu de prendre les choses en s'amusant.
Il n'est pas étonnant non plus de devenir très sérieux quand on considère quelque chose comme incroyablement important. Or, au fond, les choses ne prennent une telle importance que si l'on a peur de les perdre [32].

Plus je jouais avec Bobba, plus je m'ouvrais à la vastitude de l'Être, plus il m'apparaissait clairement qu'il n'y a rien à perdre. Quelle que soit la forme prise par le changement, il est toujours possible de jouer avec ce qui se présente et de se laisser surprendre par la vie. Il y a toujours une balle, un frisbee, deux ou trois bâtons à dénicher quelque part.

32. Alan Watts : *Still the Mind, An Introduction to Meditation.*

Chaque jour est un nouveau jour

*Rien de ce que nous entendons ou voyons n'est parfait.
Mais c'est là, au milieu de cette imperfection,
que se trouve la réalité parfaite.*

SHUNRYU SUZUKI

On dit qu'avec un chien, quand on a fait une erreur, il est toujours temps de repartir à zéro. C'est sûrement vrai, mais à mon avis, cela tient moins à son oubli des erreurs d'hier qu'à son grand cœur et à sa faculté de pardonner plus prononcée que la nôtre. Pour y parvenir, il n'est même pas obligé d'aller à la messe le dimanche, d'écouter des sermons soporifiques ou de chanter de curieux cantiques. Ce grand cœur ouvert, il l'a de naissance, tout comme le don de tout pardonner ou presque.

Quoi qu'il arrive à un chien, il est capable de voir le jour qui s'annonce comme une page blanche sur laquelle tout reste à écrire. Il y a hélas bien trop de chiens qui se font crier dessus, quand ils ne sont pas battus, et n'en sont pas moins capables de refaire confiance à leur maître ou à de nouveaux propriétaires. Le fait qu'ils n'ont rien oublié pour autant se vérifie lorsque ce qui fut pour eux une expérience traumatisante se répète et qu'ils réagissent en conséquence.

Bobba avait dû lui aussi vivre une expérience de ce genre et, un jour, sans le faire exprès, j'ai déclenché chez lui une réaction qui a bien failli l'expédier dans l'autre monde.

Il était tard dans l'après-midi, en ce triste jour d'automne, et je voulais encore faire un tour rapide avec Bobba avant qu'il fasse nuit. Comme il avait déjà plu ou bruiné une partie de la journée, j'emportai le parapluie posé à côté de la porte d'entrée. Je n'en possédais aucun moi-même ; un visiteur avait dû oublier celui-là et je me réjouis de l'avoir à ma disposition.

Bobba et moi sommes partis tranquillement, avant de nous diriger, ce jour-là, vers l'autre côté du parc, plus proche de la rue principale. Tandis que je restais dans les allées, Bobba enfonça, comme à son habitude, son nez dans le sol tel un petit cochon truffier et avança en zigzag, reniflant à travers le sous-bois. D'ordinaire, il n'oubliait jamais de regarder où j'étais : toutes les trente secondes, il levait la tête pour s'assurer que son disciple suivait bien. Ce jour-là, cependant, il flaira une odeur envoûtante. Peut-être une chienne en chaleur avait-elle passé là toute la journée ? Peut-être un promeneur sortant de chez le boucher avait-il laissé dans son sillage des effluves d'escalope ? Je l'ignore.

Toujours est-il que je ne l'ai plus intéressé du tout, absorbé qu'il était par son exploration. Mais comme la nuit commençait vraiment à tomber, j'ai voulu rentrer et je l'ai appelé. Alors que d'habitude il arrivait en bondissant, avec dans la gueule un bâton ou un pigeon mort, il n'a cette fois pas réagi du tout. Après l'avoir appelé dix ou vingt fois, j'en ai eu assez d'attendre bêtement et j'ai décidé de le rejoindre pour lui taper doucement sur l'épaule avant de mimer la déception. Quelle brillante idée !

J'étais donc en train d'avancer rapidement vers lui quand il a levé la tête et m'a regardé, la mine paniquée, avant de détaler en direction de la rue principale. Je fonçai à ses trousses, car la circulation était dense à cette heure-là. Voitures, vélos et trains de banlieue se pressaient en tous sens et je voulais à tout prix éviter que Bobba arrivât jusque-là.

Mais Bobba n'avait pas seulement le flair d'un cochon truffier, il avait aussi l'agilité d'une belette. Le rattraper était presque impossible. J'avais beau courir aussi vite que je pouvais, il était tout simplement plus rapide. Lorsqu'il a atteint la rue, il ne s'est pas précipité pour la traverser – ce qui aurait déjà été suffisamment dangereux, mais aurait pu se terminer sans dommages ; il a seulement couru jusqu'au milieu pour ensuite bifurquer et continuer à courir, au centre de la chaussée, sur les rails du train de banlieue en direction de l'extérieur de la ville.

J'ai essayé de le suivre, mais la circulation était trop dense. La nuit tombant, je me suis mis à paniquer sous la bruine, au milieu des coups de klaxon. J'ai couru sur le trottoir et enfin pu me faufiler jusqu'au centre de la chaussée pour suivre mon chien sur les rails. Qu'allait-il se passer si un train arrivait en trombe ? Bobba se retournait régulièrement vers moi, l'air apeuré.

Je m'échinais à comprendre : « Qu'y a-t-il de changé ? Que diable y a-t-il aujourd'hui de différent de d'habitude ? » Et puis j'ai réalisé : le parapluie ! Je l'ai jeté sur-le-champ (ne me demandez pas où, je n'en sais rien !) et quand Bobba s'est retourné vers moi la fois suivante, il s'est arrêté et m'a attendu, à bout de souffle. En arrivant à lui, je l'ai pris dans mes bras, soulagé. Je crois que j'ai pleuré, mais je ne sais plus très bien. Le serrant contre moi, je ne cessais de lui caresser la tête et les flancs. Son cœur battait au moins aussi vite et aussi fort que le mien.

J'ai attendu que le flot des véhicules s'éclaircisse pour le mener jusqu'au trottoir. Redevenu comme avant l'incident, il s'est mis à trotter gentiment à mes côtés.

Je ne pus m'expliquer son comportement que par le fait que l'un de ses propriétaires précédents l'avait sans doute battu avec un parapluie ou bien qu'il avait quelque sinistre souvenir en lien avec cet objet. Il lui manquait une molaire, ce qui n'est pas habituel chez un chien si jeune. Peut-être avait-il vécu une expérience si grave qu'en me voyant arriver à grands pas sur lui, un parapluie à la main, il avait ressenti une peur incontrôlable et préféré prendre la fuite ?

Toujours est-il que je n'ai plus jamais touché à un parapluie. Les casquettes et les capuches ne sont pas faites pour les chiens ! Et Bobba n'a plus jamais eu peur de sa vie.

Le lendemain, je lui ai acheté un collier et une laisse. Par pure précaution, mais difficile de le lui expliquer. Quand je lui ai mis le collier, il ne s'est pas montré franchement enthousiaste, mais l'a accepté pour me faire plaisir. Peut-être l'a-t-il pris comme certains vendeurs pour qui la cravate n'est qu'une concession aux conventions ?

Comme les hommes, les chiens ont leur histoire. Elle n'est, pas plus que la nôtre, une construction toujours identique surgie du néant, qui demeure telle qu'elle est, toujours pareille à elle-même. Les chiens aussi sont formés par les expériences – bonnes ou mauvaises – qu'ils apportent avec eux. Tous les câlins qu'ils ont reçus font partie d'eux, tout comme les mauvaises expériences avec des parapluies... ou avec des idiots. Bobba n'était pas juste Bobba, mais ce chien-là en lien avec toutes ses expériences passées et présentes.

Nous nous sommes donc construits de façon dépendante et non détachée du monde qui nous entoure. Thich Nhat Hanh compare, dans son livre intitulé *La Vision profonde*, cette conclusion bouddhiste avec la thèse du *bootstrap* de la physique théorique, selon laquelle « l'existence de toute chose et de tout être vivant est dépendante de l'existence de chaque autre chose et de chaque autre être vivant dans l'univers ». Cette théorie serait, selon lui, « très proche de ce qui est décrit dans l'*Avatamsaka Sutra* : l'un est tout et tout est l'un [33]».

Cette manière de voir le monde diffère nettement de notre vision occidentale et de notre façon de le décomposer. Nos idées d'indépendance absolue, d'âme immuable, d'individualisme souvent exacerbé, de connaissance par l'analyse et du « nous contre tous » sont ici résolument remises en cause.

Bobba se souvenait du parapluie et avait paniqué. Une fois le parapluie disparu, il a refait confiance – à la différence peut-être de certains humains ayant vécu des expériences traumatisantes, dont la peur devient autonome sous l'effet de la pensée et de l'imagination et s'oriente vers d'autres objets ou situations. Pour Bobba, le souvenir du parapluie avait une valeur négative, mais il ne se perdait pas pour autant en réflexions sur sa souffrance et ne la projetait pas non plus sur d'autres objets comme les bâtons, les battes de base-ball, les baguettes de tambour ou les cornets de glace (non, sûrement pas !). Il ne partait pas non plus du principe que tout le monde allait le frapper ; seul un objet était lié à cet acte. L'homme, en revanche, reporte souvent une mauvaise expérience

---

33. Thich Nhat Hanh: *La Vision profonde. De la pleine conscience à la contemplation intérieure.*

sur toutes sortes de situations possibles : un accident, enfant, sur un manège l'empêche par la suite de monter dans un grand huit, une voiture ou un avion.

Pour Bobba, chaque matin annonçait la possibilité de nouvelles expériences. Le soleil se levait, éclairant un monde nouveau. Même si je l'avais, la veille, manifestement poursuivi avec un parapluie et de sombres intentions, il était de nouveau couché ce jour-là à côté de moi, la tête sur mon genou, le sommeil paisible.

J'étais ravi que Bobba fût capable de voir chaque jour comme un recommencement, même si ce don était à l'origine de drôles de comportements, notamment du côté des plaisirs de bouche.

La plupart des maîtres zen avaient quelques vices qu'ils embrassaient avec joie et acceptaient comme faisant partie de leur vie. Comme Ikkyû Sôjun (1394-1481) qui disait de lui-même : « Le poète que vous voyez là est un nageur à moitié noyé dans une rivière de saké [34] », Bobba se serait peut-être exprimé ainsi : « Ce chien est un fou à l'estomac prêt à éclater plongé dans un bain de balles où les balles sont un régal et qui doit se dépêcher de toutes les manger, car la famine peut frapper à tout

34. Ikkyû Sojun : *Zen-Gedichte von der Verrückten Wolke*, Angkor Verlag, 2011.

moment. » Quand il était question de manger, son calme exemplaire lui faisait complètement défaut et il se muait en machine à faire disparaître les bouchées de viande. Tel un aspirateur à poils, il se jetait sur sa gamelle et avalait sa portion, avant de relever la tête pour me regarder d'un air réprobateur : « C'est tout ? C'est une blague ! » Si je n'avais pas décidé de la taille des portions et s'il n'avait pas été le blanc-bec énergique qu'il était, il aurait fini par pouvoir rouler à travers le parc. Cette image en tête, je ne pouvais jamais m'empêcher de frissonner d'étonnement en repensant au chien du voisin qui, laissé un moment sans surveillance, avait ouvert la porte du placard et abusé du sac de croquettes. Au retour du voisin, le chien avait l'air d'avoir avalé l'un de ces gros ballons utilisés en fitness et en kinésithérapie. Franchement, je n'aurais jamais pensé que le corps d'un chien fût aussi extensible. Comme je l'ai déjà suggéré, Bobba n'avait rien à lui envier et, un jour, il me prouva que la belle idée du *carpe diem* peut aussi foirer.

Alors qu'une fois de plus il n'avait cessé de pleuvoir des jours durant – ce qui est fréquent chez nous et explique pourquoi les *Westphaliens* pur jus ont développé une incomparable résistance face à la dépression –, le ruisseau traversant le parc était sorti de son lit. Il donnait aux espaces verts sur lesquels jouaient normalement les chiens des allures de lacs, ou plutôt de marécages. Cette masse d'eau avait envahi les gîtes de quantité de souris qui avaient fini noyées et que la pluie incessante ramenait à la surface. Durant notre promenade de l'après-midi, Bobba tomba sur l'une de ces pauvres créatures et la trouva à son goût. Puis il en découvrit une deuxième, puis une autre et une autre... S'il a existé un chien qui a cru un jour être arrivé au paradis, c'est bien Bobba ! Il se posta au milieu du « marécage », de l'eau jusqu'au ventre, et se mit à engloutir souris sur souris. Du bord, je me retrouvai une fois de plus à faire le zouave : j'appelai sans relâche, tentai de l'attirer avant de le supplier. Aucune réaction. Par chance, il avait son collier, mais j'avais, comme souvent, laissé la laisse à la maison. Tout à ma frustration, je finis par faire demi-tour pour aller chercher la laisse et faire preuve d'une juste sévérité. Lorsque je revins quinze ou vingt minutes plus tard, Bobba était toujours là où je l'avais laissé : au buffet de sushis à la souris à volonté ! Impossible de dire combien de bestioles il avait ingurgité, mais il était visiblement enragé. Qui sait, les souris avaient peut-être déjà décidé de migrer pour ne plus jamais revenir en ce lieu terrifiant d'humidité ? Peut-être l'occasion ne se représenterait-elle plus jamais ? Il fallait donc se dépêcher d'avaler encore l'un de ces petits corps gris et froids avant que la fête ne soit définitivement finie !

Je me suis mis à patauger dans l'eau et, les pieds trempés, j'ai attaché mon chien qui ne sembla pas remarquer ma présence, avant de le tirer fermement jusqu'à l'allée. Nom d'un chien, que j'étais énervé ! Bobba s'opposait à moi de toutes ses forces et ne voulait en aucun cas quitter les lieux : « Tu ne vois pas toutes ces bonnes souris ! »

Mais je ne me suis pas laissé attendrir et nous sommes rentrés… ou plutôt je l'ai traîné jusqu'à la maison. Une fois arrivé, il a d'abord fallu que je le décrotte, puis le sèche. J'ai ensuite passé le reste de l'après-midi et la soirée à écouter ses renvois quasi incessants. Toutes les deux minutes, il rotait à gorge déployée et, à chaque fois, je ne pouvais m'empêcher de m'imaginer le cimetière de gentilles souris en train de fermenter dans son ventre. Puis la nuit commença par un concert de pets carabinés et il fallut sortir trois ou quatre fois, mon chien ressentant, de temps à autre, un certain inconfort intestinal.

Son air contrit n'était pas pour me déplaire, même si je n'allais pas jusqu'à m'imaginer qu'il retînt la leçon de cet épisode. Ikkyû Sôjun et Ryôkan se sont certainement réveillés plus d'une fois avec un atroce mal de tête, ce qui ne leur faisait pas changer leurs habitudes pour autant. Leur profonde compréhension du monde n'était en rien un frein, si bien que c'est en secouant la tête que j'accompagnai dehors, au beau milieu de la nuit, mon maître par ailleurs si sage qui avait, en cet instant, besoin de se soulager. Nul n'est parfait et les souris froides et mouillées font peut-être le même effet que les chips : on ne peut plus s'arrêter !

Pourquoi raconter cette histoire qui montre mon maître sous un jour moins zen ? La réponse est simple : il faut s'ôter de la tête l'idée selon laquelle un bon maître est parfait dans tous les domaines de l'existence. Et il ne faut pas non plus croire tout ce qu'il dit ou calquer nos intérêts sur les siens. Pour ma part en tout cas, je ne mange toujours pas de souris et une grosse commande de saké n'est pas prévue avant l'illumination.

Vous avez dit éducation ?

J'ai lu dans les yeux des chiens
une expression fugace de mépris et d'étonnement mêlés
et je suis convaincu qu'ils pensent, au fond,
que les hommes sont fous.

JOHN STEINBECK

Même si ses propriétaires précédents semblaient avoir eu du mal avec Bobba, pour moi tout a marché, dès le départ, presque comme sur des roulettes – abstraction faite des épisodes du parapluie, du fauteuil et des souris. Comme je m'étais lancé sans préjugés ni attentes, je n'avais pas non plus en tête les idées auxquelles sont apparemment attachés certains propriétaires, pour qui il faut que le chien fonctionne comme une horloge et obéisse à chaque ordre comme un robot à quatre pattes. Comparée au ton utilisé dans certaines associations de sport canin, la formation impitoyable des marines américains dans le film *Full Metal Jacket* fait l'effet d'un camp de repos pour artistes de comédie musicale à la retraite.

Pour ma part, j'ai commencé plutôt souplement et cette souplesse n'a fait que s'accentuer avec le temps. Je n'avais pas le choix non plus car, en toute franchise, si au tout début de notre amitié, j'avais bien brièvement essayé d'imposer ma volonté à Bobba avec des ordres classiques (Assis ! Pas bouger ! Fais ci, fais ça !), il n'avait, en bon maître zen reposant dans le tao, répondu que par un rictus de lassitude. Quand, l'index levé, je me tenais face à lui, énonçant mes ordres d'une voix ferme, il restait assis à me regarder comme si je perdais la boule. Cette impassibilité atteignait la perfection quand d'autres gens nous regardaient, si bien que j'avais l'air d'un idiot. En bon maître, il connaissait nombre de méthodes pour faire la nique à mon ego.

Je n'ai pas tardé à comprendre que j'allais me casser les dents sur cette forme d'éducation. J'ai donc eu recours à quelque chose qui ne devrait jamais faire défaut dans le cadre de toute formation spirituelle : la pure gentillesse !

Vous allez avoir du mal à le croire, mais je jure sur les lobes d'oreille sacrés du Bouddha que les lignes qui suivent ne sont rien que la vérité. Quand je voulais que Bobba s'asseye, pour m'attendre ou pour ne pas être au milieu du chemin au moment où des *VTTistes* arrivaient à toute allure dans la forêt, je ne hurlais pas « Assis ! », comme si je voulais lui pourrir sa promenade. Non, sérieusement, je disais : « Bobba, voudrais-tu t'asseoir ici, s'il te plaît ? » Et aussitôt dit, aussitôt fait ! Je sais, cela paraît curieux et, dans un club de chiens de défense, je serais sans doute passé pour la plus grande mauviette de l'histoire de l'éducation canine.

Je ne puis rien dire d'autre pour ma défense que cela fonctionnait. Je demandais à Bobba de faire quelque chose et le traitais comme un ami, et non comme un subalterne tenu de respecter mes directives. Et ce chien étonnant agissait comme s'il avait compris chaque mot. On entend partout qu'il ne faut pas faire d'anthropomorphisme avec les chiens, mais que pouvais-je faire d'autre ? Bobba me paraissait parfois plus intelligent que certains humains, moi le premier. Jamais, de toute son existence, il ne s'est montré mal aimable ou condescendant envers qui que ce soit. Et même si on dit qu'une structure hiérarchique est naturelle pour les chiens, mon expérience ne le confirme pas du tout. Pour Bobba, tout le monde était un ami à placer sur un pied d'égalité. Il n'avait besoin de dominer personne et il ne voulait pas non plus être dominé par quiconque.

J'aime beaucoup quand le Dalaï-Lama dit de sa religion qu'elle est la gentillesse. Lui et Bobba se seraient sans doute bien entendus car, comme le Dalaï-Lama, mon chien avait toujours un « sourire » et un regard attentif et encourageant pour chacun. Depuis qu'il m'accompagnait, j'avais fait la connaissance d'une multitude de gens : des vieilles dames du parc qui rognaient avec plaisir sur leur maigre retraite pour acheter des friandises pour chien, en passant par les noctambules fortement alcoolisés qui se transformaient en distributeurs de caresses, jusqu'aux aimables Albanais du Kosovo aux visages tatoués qui me proposaient d'étrangler quiconque approcherait de trop près mon chien ou moi. Même sur mon nouveau lieu de travail, Bobba est devenu en peu de temps le chouchou du bureau. Chaque matin, il faisait son tour pour saluer joyeusement tout le monde (et recevoir en cachette une bouchée par-ci par-là) et réussissait à faire en sorte que chaque visiteur se sente chez lui en quelques minutes.

Gentillesse et détente : l'une semblait être la condition de l'autre. Mais même si, chaque jour, j'apprenais beaucoup de lui d'un point de vue relationnel, une chose m'avait jusqu'alors échappé : il ne suffisait pas de faire preuve de gentillesse envers autrui, il fallait aussi s'en accorder à soi-même.

Or Bobba était un maître dans cet art-là aussi.

Le temps était lourd en cette journée d'été, le temps idéal pour rester assis à l'ombre sur un banc et regarder les autres travailler. On était justement en train de mettre en place de nouveaux parterres dans le parc. Les jardiniers de la ville enlevaient de vieilles plantes, bêchaient les plates-bandes, la sueur au front, et apportaient dans leurs brouettes des tonnes de terreau presque noir pour remplacer l'ancienne terre. Mais avant qu'ils n'aient pu planter les nouveaux arbustes, un violent orage d'été se prépara, si bien qu'ils quittèrent précipitamment les lieux, et Bobba et moi en fîmes autant.

Comme, ce jour-là, nous n'avions pas encore beaucoup marché, nous sommes retournés au parc une fois l'orage dissipé, histoire de faire quelques tours et de lancer quelques balles. Le rafraîchissement espéré s'avéra n'avoir été qu'une pure croyance météorologique : à peine nous étions-nous mis en route qu'il refit aussi chaud qu'avant l'averse.

Mais il en fallait plus pour arrêter Bobba. Débordant d'énergie et de joie de vivre comme à son habitude, il me précédait, reniflant et bondissant de droite et de gauche. Étonnant pour un être qui ne transpirait quasiment pas et ne pouvait donc pas se rafraîchir…

Nous avons fini par arriver aux nouvelles plates-bandes laissées en l'état. Les jardiniers municipaux avaient sans doute décidé de revenir le lendemain et préféré consacrer la fin de la journée à la dégustation de quelques bières fraîches.

Bobba regarda fasciné cette masse grasse brun foncé qui ressemblait à un bain de boue de cure thermale. Je pus véritablement entendre une idée d'une grande stupidité prendre forme dans sa tête.

— Non, tu ne le feras pas !

— Oh, si !

— Oh, non !

— Tu ne me retiendras pas…

Sa gueule et son poitrail étaient déjà enfouis dans la boue et il se mit à avancer en poussant sur ses pattes arrière comme un brise-glace à poils. La « vague de proue » lui clapotait contre la face, ce qui ne semblait pas trop le déranger. Arrivé au centre de la plate-bande, il se laissa tomber sur le côté, se roula avec délice en tous sens, appuya son dos, sa tête et son ventre dans la boue jusqu'à en être recouvert. En un rien de temps, il eut l'air du complice de l'industrie de Noël pour son prochain coup marketing : un chien en chocolat grandeur nature !

« Tout sourire » au milieu de la plate-bande, il se sentait à l'évidence merveilleusement bien. Seuls les yeux et la silhouette me rappelaient le chien que je connaissais ; sinon la boue collée à son pelage le rendait méconnaissable. Nous avons repris notre marche à travers le parc jusqu'au ruisseau. J'ai jeté sept ou huit fois sa balle dedans, afin qu'il soit obligé d'y sauter pour la récupérer. Il en est ressorti quelque chose qui ressemblait davantage à mon chien. Mais son pelage avait une bonne capacité d'absorption, si bien que lorsque, un peu plus tard, je l'ai mis dans la baignoire, l'évacuation s'est vite bouchée. J'ai essayé de me débrouiller avec les doigts ; Bobba, la tête penchée sur le côté, me regardait faire, intéressé.

— Si tu te secoues, c'est trois semaines d'arrêt à la maison !

Il me colla une bise mouillée sur la joue.

— J'te crois pas !

L'eau s'est remise à couler et je me suis accroupi au bord de la baignoire pour le caresser tandis qu'il restait assis, dégoulinant. Après un rinçage de plus, tout s'est à peu près bien passé. Je l'ai séché en le frictionnant dans une grande serviette, bonne à jeter une fois l'opération terminée. Mais mon chien avait l'air propre et de bonne humeur et une fois n'est pas coutume... il sentait plutôt bon.

« Tu t'es bien amusé aujourd'hui, n'est-ce pas ? »

Il a posé sa tête sur mon genou et s'est laissé caresser. Il a brièvement jonglé avec ses sourcils, avant de marmonner doucement. On pouvait dire ce que l'on voulait : il savait se rendre la vie belle ! Et pour être franc, il fit de même par ses initiatives avec la mienne.

Quand le tao nous offrait un bain de boue, on pouvait soit faire attention et le contourner, histoire de ne surtout pas salir ses habits du dimanche, soit se jeter dedans, y prendre plaisir et jouir de la sensation d'être vivant.

Je suis maintenant convaincu – et je le dois surtout à un chien – que l'opinion selon laquelle l'activité merveilleuse consistant à faire des bêtises n'a rien à faire sur une voie spirituelle est une grosse erreur. Dans les livres bouddhistes, on trouve souvent des formulations qui font une drôle d'impression comme « dompter le corps », « dompter la parole », « dompter l'esprit », ce qui a une connotation un peu ennuyeuse, comme s'il était interdit de se relâcher de la journée. De cette façon, s'exercer devient, comme ce le fut pour moi au début, une froide obligation qui ne nous laisse aucun espace pour être nous-mêmes.

Mais en regardant le comportement exemplaire de Bobba, que je soutins gentiment et auquel je ne m'opposai pas au moyen de mesures coercitives, interprétant ses incartades occasionnelles comme une joyeuse expression de sa personnalité, je m'aperçus qu'il était possible de « s'éduquer » soi-même avec gentillesse, sans oublier d'y prendre plaisir. Shunryu Suzuki attirait lui aussi l'attention sur le fait qu'il ne faut jamais négliger cette gentillesse à notre égard :

Vous n'êtes pas assez gentils avec vous-mêmes.
Vous croyez qu'en suivant les instructions reçues par un maître quelconque vous vous exercez bien au zazen, alors que le but des instructions est de vous encourager à être gentils avec vous-mêmes. (...) Si vous êtes très gentils avec votre respiration, souffle après souffle, alors la pratique vous procurera fraîcheur et chaleur. (...) C'est la raison pour laquelle nous tenons à la chaleur du cœur et du zen. La sensation de chaleur éprouvée en pratiquant est, en d'autres termes, illumination ou esprit de Bouddha. (...) Il n'est pas question

d'entraver votre liberté, mais de vous donner la liberté de vous comporter et d'agir à votre manière [35].

Cette chaleur du cœur dont parle Suzuki, Bobba l'avait, c'est certain. Et chaque jour il faisait en sorte qu'elle demeure. Pour ce faire, tantôt il méditait avec moi, tantôt il jouait ou se laissait caresser derrière les oreilles, tantôt enfin la gadoue faisait partie de l'exercice. Toute sa vie était vouée à la pratique consistant à être lui-même, sans que jamais l'idée de perfection ne lui traversât la tête. C'est la raison pour laquelle, je crois, il était si heureux, vivant une véritable liberté et tellement libre, par conséquent, de faire don de lui-même au monde et à ses créatures.

---

35. Shunryu Suzuki : *Not Always So, Practicing the True Spirit of Zen.*

Dieux, karma et poubelle bio

D'abord il y eut le silence,
puis un incessant bavardage.

Taisen Deshimaru

On dit souvent que le bouddhisme n'est pas une religion, mais une philosophie, un apprentissage de la sagesse reposant sur la compréhension humaine et non sur des révélations prétendument divines. C'est sans doute en grande partie vrai puisque le Bouddha nous invite à vérifier toutes les théories et à ne rien accepter d'emblée sous prétexte que telle ou telle autorité se montre affirmative. Il y a un passage des enseignements du Bouddha qui fait très explicitement remarquer qu'il faut non pas se fier aux croyances, mais confronter ce qui est dit à sa propre expérience :

Quand vous entendez certaines théories, n'y croyez pas uniquement parce que vous les avez entendues et qu'elles ont été transmises ou que d'autres sont de cet avis.
N'y croyez pas seulement parce qu'elles figurent dans

des écrits sacrés ou qu'elles ont l'air logiques ou raisonnables.
Ne vous fiez ni à ce qui a été imaginé, ni à ce que croit le plus grand nombre. N'acceptez pas uniquement ce qui vous plaît bien ou a été dit par un maître spirituel. Si vous découvrez par vous-mêmes qu'une théorie est funeste parce que s'y conformer conduit au malheur et à la souffrance, alors il vous faut l'abandonner. Mais si vous découvrez qu'une théorie est salutaire parce que s'y conformer conduit au bien et au bonheur, alors il vous faut l'adopter [36].

J'aime ce passage et je le cite souvent en conférence et dans mes livres, car je pense qu'est énoncé là ce qui distingue fondamentalement le bouddhisme des autres religions, monothéistes en particulier. Alors que d'autres religions – du moins dans leur expression populaire, les branches mystiques ayant une approche différente – considèrent la croyance comme une vertu et saluent la ferveur traditionnelle, le Bouddha entend nous amener à vérifier les choses en détail et à regarder si elles sont ou non salutaires. Le christianisme, l'islam et le judaïsme

36. Citation extraite du livre de Paul H. Köppler : *So spricht Buddha*, O.W. Barth, 2004, p. 12.

nous exhortent plutôt à accepter ce qui est consigné dans les textes sacrés sans le remettre en cause.

On peut donc tout à fait affirmer que le bouddhisme comporte des traits davantage caractéristiques d'une philosophie, au sens d'analyse approfondie de la réalité, que d'une religion axée sur la vénération et la conscience traditionnelle.

C'est une bonne chose, ce qui ne m'a hélas pas empêché de rencontrer quelques bouddhistes s'appuyant sur ces conclusions pour nourrir leur vanité. Sous prétexte qu'ils s'abstiennent de croire aveuglément, comme les y invite leur tradition, ils se considèrent volontiers comme meilleurs, plus malins et plus évolués que les autres, à savoir ceux qui semblent encore prisonniers des dogmes.

On omet facilement au passage le fait qu'il y a, dans le bouddhisme aussi, beaucoup de choses qui ont davantage à voir avec la croyance qu'avec l'expérience personnelle. J'ai déjà indiqué qu'il existe dans le bouddhisme tibétain certaines convictions avec lesquelles l'Européen de l'Ouest moyen peut avoir du mal. Mais il y a aussi, dans les autres écoles bouddhistes, des contenus qui – en grande partie à cause de leur imprégnation culturelle – posent certains postulats dont la clarté n'est pas évidente, du moins pas pour moi. Prenons seulement deux idées de base : la théorie de la réincarnation et l'illumination elle-même.

En ce qui concerne la réincarnation, il m'est particulièrement difficile de suivre la voie de la vérification préconisée par le Bouddha. Comme je l'ai déjà écrit dans le chapitre intitulé « Ni commencement ni fin », je trouve l'idée selon laquelle notre vie serait sans limites très belle et cette théorie peut sans doute être rassurante, tant qu'elle n'est pas brandie comme une massue morale censée nous contraindre à mener une vie décente. Qu'un mauvais comportement présumé soit puni de l'enfer ou d'une renaissance dans des conditions difficiles, l'un comme l'autre restent une menace qui ne devrait pas avoir sa place dans une spiritualité mature.

Pour ma part et pour être honnête, je dois dire que je ne sais absolument pas si la théorie de la réincarnation est pertinente ou non. Étant donné que le Bouddha s'est gardé de faire des déclarations métaphysiques, j'en arrive presque à supposer que cette théorie s'est glissée dans le dharma bouddhiste à partir de son environnement hindouiste. L'idée en était généralement connue et acceptée et a pu, d'une manière ou d'une autre, se perpétuer dans le cadre de la nouvelle tendance spirituelle incarnée par le Bouddha. On ne renonce pas si facilement à ce que l'on connaît…

Le zen m'est, ici aussi, très sympathique du fait qu'il n'accorde pas vraiment beaucoup d'intérêt aux possibles renaissances. Le sujet n'est tout simplement pas très important et l'influence du taoïsme n'y est peut-être pas pour rien. L'idée aurait laissé indifférent un maître taoïste assis au bord d'une rivière avec son chien, en train de réaliser un tableau à l'encre de Chine, tout en vidant une bouteille de saké : « S'il en est ainsi et que je renais dans le tao, c'est comme ça. Je ne peux ni l'empêcher ni y contribuer, par conséquent je m'abandonne au changement. Peut-être serai-je un jour un ver de terre, une mouche, de nouveau un homme ou un personnage remarquable comme mon chien que voilà… Peut-être cesserai-je simplement d'exister pour devenir un élément du néant créatif du tao, sans que ne subsiste la moindre identification à moi-même. Comme toujours, tout me convient ! »

Et on n'en parlerait plus. On n'est pas obligé de faire des discours : mieux vaut vivre, dans le silence d'une saine ignorance, une rafraîchissante simplicité, un agnosticisme joyeux. Cette vision du monde aurait plu à Bobba, lui qui se tenait loin de toute spéculation.

C'est aussi de cette façon que j'entends considérer les choses, car toute autre approche dépasse mon horizon empirique. Je me suis penché sur cette idée de renaissance de la manière préconisée par le Bouddha ; je la trouve séduisante, mais je dispose de trop peu d'informations pour pouvoir me prononcer vraiment. C'est la raison pour laquelle je m'intéresse plus volontiers à d'autres aspects plus urgents de la doctrine bouddhiste, comme la méditation et l'*octuple sentier*, de façon à mener ici et maintenant une vie agréable et réussie. Une éventuelle autre vie pourvoira à elle-même.

Stephen Batchelor, lui-même ancien moine bouddhiste et maintenant enseignant du dharma, qui s'efforce d'extraire les éléments de la doctrine bouddhiste de leur contexte culturel et les examine exclusivement en fonction de leur praticabilité, a également une position critique par rapport à l'idée de renaissance :

> *Il y a, semble-t-il, deux possibilités : croire en la renaissance ou ne pas y croire. Mais il existe une alternative : reconnaître, en toute honnêteté, que je ne sais pas. (...) La pratique du dharma exige d'avoir le courage de nous confronter à notre humanité. Les représentations que nous nous faisons du ciel et de*

l'enfer comme des renaissances cycliques ne sont là que pour dépeindre l'inconnu au moyen d'images représentant ce que nous connaissons déjà. Tenir à l'idée de renaissance peut paralyser notre disposition à nous interroger [37].

Quand nous ne nous posons plus de questions et pensons tout savoir, notre pratique est à l'opposé du dharma. Il ne s'agit plus d'exploration de la réalité, mais de croyance religieuse pure et simple. La sagesse *bobbesque* aurait exprimé cette idée ainsi : « Tu dois découvrir par toi-même quel est le goût de la panse. Si tu n'aimes pas, pas de problème. Tu me la donnes ! »

L'illumination dont on parle tant est pour moi du même registre. Bien que le bouddhisme soit prétendument exempt de dogmes, l'illumination est une simple croyance puisque celui qui n'est pas encore illuminé ne peut naturellement pas avoir l'expérience de cet état ; il n'a donc d'autre choix que d'aller à l'encontre de ce que préconise le Bouddha, faute de vérification possible. Tant que je n'ai pas encore atteint l'illumination, elle demeure,

37. Stephen Batchelor : *Le Bouddhisme libéré des croyances.*

comme l'Immaculée Conception, quelque chose à quoi j'ai la possibilité de croire ou non.

Mais, au fait, en quoi cela consiste-t-il exactement, l'illumination ?

Si j'avais posé la question à Bobba, il se serait sans doute roulé sur le dos et m'aurait effrontément interpellé en jubilant : « Regarde, tu les vois mes valseuses ! » Pour les maîtres zen de toutes les époques, la quête de savoir à propos de l'illumination et l'aspiration à l'atteindre ont toujours été des motifs d'hilarité. Si nous nous posons vraiment la question ou courons déjà après cet objectif, cela peut nous permettre, dans les bons moments, de regarder profondément en nous-mêmes. Qu'attendons-nous de l'illumination ? Que nous promet-elle ? Tout sera-t-il différent après ? Plus coloré ? Plus passionnant ? L'instant tel qu'il est ne nous suffit-il pas tout à fait ? Souhaitons-nous être spéciaux, en dépit de la modestie et de l'humilité affichées ?

J'ai envie, à ce stade, d'introduire un concept qui pourra être utile. Pour ainsi dire inscrit sur la carte de visite du Bouddha, il est issu d'un événement souvent cité, que je souhaite rapporter ici dans une adaptation correspondant aux circonstances et questions d'aujourd'hui.

Après s'être profondément plongé dans la réalité sous l'arbre de la Bodhi, après l'avoir comprise et intériorisée, le Bouddha se mit en route pour partager cet enseignement. Un après-midi, il rencontra quelques chercheurs spirituels qui rentraient justement, un peu désenchantés, d'un festival ésotérique. Ces chercheurs s'aperçurent immédiatement qu'ils avaient affaire à un vrai sage. Ils s'écrièrent, tout excités :

— Nom d'un chien, quelle énergie positive tu dégages ! Quelles bonnes vibrations ! Es-tu un dieu ?

— Non, répondit le Bouddha.

— Un saint alors ?

— Non, non plus.

— Tu es peut-être une entité transcendante de la matrice de cristal, celle qui souhaite faire de nous des travailleurs de lumière, pour que nous puissions redécouvrir l'Atlantide juchés sur des licornes volantes ?

— Euh… non, pas vraiment, répondit le Bouddha, un peu perplexe.

— Alors tu es un chien savant qui veut nous faire passer l'habitude de poser des questions stupides en nous donnant des coups de bâton bien placés ?

— Je l'ai peut-être été, mais plus maintenant, non.

Embarrassés, les chercheurs tripotaient leur amulette en forme de Fleur de la Vie.

— Hum… Mais que peux-tu bien être alors ?

— Je suis éveillé, dit le Bouddha. Tout simplement !

Il n'aura pas échappé au lecteur attentif que vous êtes que le Bouddha parle d'« éveil » et non d'« illumination ». Et, de fait, le mot sanskrit « bouddha », que porte Siddhartha Gautama comme titre honorifique, ne signifie rien d'autre que « l'éveillé ». L'éveil est, à mes yeux, dans une division bien différente de celle de l'illumination, dont on fait la plupart du temps toute une affaire, en tant qu'état accessible un jour, dans un avenir lointain, au prix de sacrés efforts et à condition d'avoir une sacrée chance. Voilà une représentation bien pratique pour une corporation de prêtres professionnels, qui peuvent ainsi tenir la « carotte spirituelle » devant le nez du chercheur : un objectif lointain, presque inaccessible au commun des mortels et auquel il n'est possible d'aspirer qu'accompagné par un méditant professionnel (contre « participation aux bénéfices »).

C'est là que le bouddhisme devient un système de croyance comme un autre et c'est oublier que le Bouddha était un homme tout à fait normal, qui erra, souffrit, fit des erreurs, se grattait le nez et avait des besoins pressants, comme tout le monde.

L'histoire de sa vie est, au fil du temps, entrée dans la légende, avec les excès qui vont avec. Sa prétendue illumination est dépeinte à grand renfort de tam-tam : le ciel et la terre en furent secoués, tandis qu'il pleuvait des fleurs et que l'univers entier exultait. En réalité, ce fut sans doute un moment plutôt simple et silencieux, au cours duquel un homme ouvrit les yeux et perçut le monde sans le filtre des espoirs, des attentes, des peurs et des représentations. Un moment durant lequel l'aveuglement disparut et céda la place à la connaissance : celle selon laquelle tout est en situation de dépendance réciproque et que rien ne dispose d'un soi circonscrit qu'il faille protéger et défendre coûte que coûte. Ce fut un moment paisible, né de la voie du milieu empruntée par le Bouddha avant l'éveil, quand il eut remarqué que ni l'hédonisme (expérimenté enfant et jeune adulte) ni l'ascèse stricte (vécue plusieurs années en tant que *sadhu* hors du monde) ne l'avaient avancé.

Siddhartha vécut un simple éveil à lui-même, ce qui signifie qu'il put distinguer quelle était sa place en ce monde : il était intégré à la vie, il prenait part aux naissances et aux disparitions, il était intimement lié à tous les autres êtres vivants.

Il a apparemment pu expliquer tout cela à merveille. À la fin des sûtras bouddhistes est souvent mentionné le fait que de nombreuses personnes s'éveillaient quand il avait fini de parler : parfois trois, parfois cinq, dix et ainsi de suite. Aucune manifestation spectaculaire n'est rapportée et cet éveil ne revêtait pas aux yeux des spectateurs d'alors le caractère extraordinaire que nous lui avons accordé depuis. Les gens s'éveillaient, étaient capables d'ôter le voile qu'ils avaient devant les yeux et de voir les choses telles qu'elles sont. Par la suite, ils prononçaient souvent leurs vœux de moines et accompagnaient le Bouddha dans ses déplacements pour approfondir ce qu'ils avaient appris et rester, en écoutant ses paroles et en pratiquant la méditation telle qu'il l'enseignait, au contact du moment présent. Pour eux, l'éveil marquait donc le début du chemin, d'un processus continu consistant à se focaliser sans relâche et en conscience sur le moment présent. Pour ces premiers disciples du Bouddha, il ne s'agissait visiblement pas de vivre, au bout du chemin, un super-événement pyrotechnique, celui-là même qui fait peut-être passer les chercheurs d'aujourd'hui à côté de la véritable transformation intérieure, car l'objectif paraît hors d'atteinte. D'une certaine façon, le Bouddha est bel et bien considéré comme un dieu qui a sur nous un avantage déterminant restant à jamais hors de notre portée.

Pourtant, l'éveil est cet instant simple, celui où, pendant que vous êtes assis au parc avec votre chien, tout semble se mettre en place tout seul. Vous remarquez tout : le clapotis du ruisseau, les autres promeneurs, les nuages dans le ciel, les fourmis qui se précipitent sur votre part de flan… Et entre tout cela et vous, plus de séparation ! Vous vous éveillez à l'instant. Un simple changement de perception vous relie à nouveau au monde qui vous entoure et instaure naturellement avec lui une relation nouvelle, plus douce et plus compatissante. En comparaison, l'illumination a des allures de show de Las Vegas, avec ses tigres blancs, ses danseuses à demi nues et ses feux d'artifice ; un show dont il vous faut d'abord mériter à grand-peine le billet d'entrée et dont le seul intérêt manifeste n'est finalement que de fournir un attribut de plus à votre ego (cet attribut ne se distinguant des autres décorations que par son enjolivure spirituelle).

Alors que l'aspiration à l'illumination tourne autour de notre personne et a lieu dans l'espace virtuel de notre machine à penser, l'éveil est un processus continu qui se produit dans le monde et par rapport au monde dont nous sommes un élément calme et tranquille.

Certains objecteront peut-être que l'éveil du Bouddha fut définitif et qu'il n'a plus jamais quitté cet état éveillé et lucide. Personnellement, je ne le crois pas et range plutôt cela parmi les légendes qui se tissent toujours autour des personnalités charismatiques. Je pense que le Bouddha était simplement éveillé dans le sens où il était capable de remarquer les moments où il était distrait, où ses pensées lui faisaient prendre les devants sur la réalité ou bien, à l'inverse, le laissaient à la traîne. Il était si vigilant qu'il parvenait toujours à revenir doucement au moment présent. Et je suis convaincu que vous et moi pouvons vivre cette qualité d'éveil. La seule différence qui nous sépare du Bouddha historique réside dans le fait qu'il a réussi seul là où nous avons besoin de compagnons à quatre pattes compatissants, dont l'art de vivre nous ramène sans cesse à l'instant présent et qui nous apprennent à ne pas passer à côté.

Je crois que ni le Bouddha ni Bobba ne se sont beaucoup intéressés aux concepts d'illumination ou de renaissance. Leur attention était leur éveil, sans cesse renouvelé dans l'instant présent. Dès lors qu'ils auraient réfléchi à une théorie à ce sujet, le moment présent leur aurait échappé, comme un poisson que l'on essaie d'attraper entre ses mains – ou, dans le cas de Bobba, comme un écureuil effronté qui, ô surprise, sait grimper alors que l'on reste soi-même cloué au sol.

Dans le *sûtra* sur l'ancienne Théra, le Bouddha dit :
Considérer la vie en détail
permet de voir clairement tout ce qui est.
N'être l'esclave de rien
permet de lâcher tout désir.
Le résultat est une vie joyeuse et paisible [38].

En formulant ainsi la position fondamentale du bouddhisme, on se tient vraiment à distance des structures religieuses pour privilégier l'étude à tendance séculière de notre propre esprit. Je suis convaincu qu'en procédant ainsi, on s'approche davantage de l'intention originelle du Bouddha qu'en adoptant la position du croyant car, dans l'esprit de ce dernier, subsiste toujours le désir de rencontrer le contenu de sa croyance, de voir ses idées confirmées, ce qui le pousse à se presser vers un objectif qui n'est peut-être qu'imaginaire. Il est très

38. Cité par Thich Nhat Hanh : *Le Cœur des enseignements du Bouddha,* Pocket, 2003.

rare, dans ces conditions, qu'une vie joyeuse et paisible soit à l'horizon. L'idée d'illumination peut, elle aussi, nous rendre esclaves, comme tout ce après quoi nous courons. Dzogchen Pönlop Rinpoché a dit :

> *Je crois que le plus important à comprendre est que le bouddhisme n'est pas une religion, mais une science. Une science de l'esprit, qui s'intéresse depuis des millénaires à son fonctionnement ainsi qu'aux moyens, aux outils, permettant de travailler avec lui. Cette conclusion a pour corollaire une compréhension complètement différente de la pratique bouddhiste. (...) Cultes, prières et vœux pieux n'ont alors plus leur place* [39].

Par conséquent, si l'on veut traduire en actes la conviction selon laquelle le bouddhisme n'est pas une religion, mais une philosophie, il faut aussi admettre que la recherche (ou la passion) de l'illumination peut elle aussi être un « vœu pieux », au même titre, à mon avis, que l'idée de renaissance positive, par opposition à une négative dans de prétendues basses couches du cycle de l'Être. Au lieu de nous demander quel pourra être l'effet

39. L'interview dont est extraite cette citation se trouve dans le n° 7 (1991) de *Buddhismus heute.*

de notre karma sur nos vies à venir sans savoir si ces vies seront, nous ferions mieux d'envisager le karma de façon concrète, comme la loi des causes et des effets, et de regarder comment il fonctionne.

Pour Bobba, le karma était une chose toute simple : rien à voir avec un concours de circonstances mystique, dont les effets se font sentir au cours de différents cycles de vie. « Si tu lèves la patte contre une clôture électrique, ça fait un mal… de chien ! Si tu te fâches contre le chat, tu te retrouves avec une égratignure sur le museau. Si, dans la recherche de nourriture, tu pilles la poubelle bio et répands son contenu dans toute la cuisine, ton maître achète une poubelle qui ferme à clé et, sans mains, tu n'as plus qu'à la regarder comme un imbécile ! Si tu rapportes la balle, elle est relancée. Si tu fais des câlins (en veillant à garder la gueule fermée pour ne pas baver), tu en reçois en retour ! »

C'est on ne peut plus simple et nous, humains, pourrions nous approprier un peu cette manière de voir les choses pour notre plus grand bien.

Plus je passais de temps avec Bobba, plus j'appréciais la simplification et l'absence de complication. En effet, dans le domaine spirituel aussi, ou, plus particulièrement, notre pensée s'échine à compliquer les choses, surtout quand nous spéculons sur celles à propos desquelles nous ne savons et ne saurons peut-être jamais rien. Les mêmes causes ayant souvent les mêmes effets, nous voilà repartis dans des théories en comparaison desquelles la série *X-Files* prend des allures de magazine d'information tout ce qu'il y a de sérieux.

En présence de phénomènes que nous ne pouvons saisir ou percevoir, ou dont nous avons juste entendu parler, notre mental passe souvent directement en mode accord ou rejet. C'est la raison pour laquelle, le plus souvent, on ne répond pas aux questions religieuses ou métaphysiques par des suppositions ouvertes ou suscitant la discussion, mais par des professions de foi censées structurer notre ego et notre vision du monde. Cela peut s'avérer épuisant puisque ces convictions ne peuvent plus être remises en cause sans réserver le même sort à l'ego qui les a reconnues comme « justes » et stockées. Or, c'est bien connu, l'ego n'aime pas du tout être remis en cause !

Bobba n'avait pas besoin de professer quoi que ce fût qu'il dût ensuite défendre, en cas de force majeure, face à autrui. Il aimait jouer avec sa petite balle qui couine, mais ne trouvait rien à redire quand un autre chien préférait les balles qui ne couinent pas. Il adorait les croquettes et en avalait des quantités étonnantes, ce qui ne l'empêchait pas du tout de jouer avec un congénère nourri selon les principes du BARF [40].

Entre nous, les hommes, les choses ne se passent hélas pas toujours de cette façon, car nous confondons préférences et vérités. On a vite fait de ne plus être considéré comme un « vrai bouddhiste » si la théorie de la réincarnation ne nous semble pas concluante ou encore d'être poussé vers la sortie de la paroisse si l'on considère « uniquement » comme des métaphores certaines déclarations bibliques. Et essayez donc de tenir un stand de saucisses grillées sur un salon de yoga…

Il vaut parfois mieux observer sa pensée avec honnêteté et s'abstenir de considérer ses propres conceptions comme la description absolument correcte de la réalité. Avant de transformer en professions de foi des idées qui nous plaisent sans pouvoir témoigner de leur légitimité et dont il nous faut nous-mêmes nous convaincre à grand renfort de théories consécutives de plus en plus compliquées, nous ferions mieux de brider un tant soit peu notre

40. Le BARF *(Biologically Appropriate Raw Foods)* est un mode alimentaire sujet à controverse qui tend à s'approcher de l'alimentation naturelle des loups vivant en liberté (NDA).

pensée galopante. Je ne veux pas dire par là qu'il faudrait débrancher notre cerveau, bien au contraire. Nous devrions plutôt l'utiliser de façon raisonnable, faire des vérifications comme l'a proposé le Bouddha, y regarder de plus près, nous tenir éloignés des dogmes purs et penser les choses concrètement, les expérimenter directement et non les transférer loin du réel.

Étant donné que, pour les chiens, il n'y a presque rien d'autre que la réalité concrète, ils n'ont tout simplement pas leur pareil pour nous transmettre un art de vivre axé sur le moment présent.

« Considérer la vie en détail permet de voir clairement tout ce qui est », a dit le Bouddha. C'est de cette vision claire qu'il est question en méditation : non pas voir enfin, par l'exercice et l'auto-hypnose, ce que l'on souhaite ou s'imagine, mais découvrir ce qui est vraiment là – en deux mots, l'ici et maintenant. Et nous voilà arrivés à l'essentiel…

Zazen et vent mortel

Pense à ne pas penser.
Comment penser à ne pas penser ? En n'y pensant pas.
C'est là l'art essentiel du zazen.

DÔGEN ZENJI

Quand j'ai découvert la merveilleuse illustration prévue pour la couverture de mon livre, je me suis tout de suite imaginé comme étant celui qui se tient à côté de son chien en train de méditer, avec sur les lèvres cette question récurrente : « Mais qu'est-ce qu'il fait encore ? » Quand on a la joie d'avoir un animal hors du commun ou des enfants extraordinaires, on apprend d'abord une chose : à rester baba.

Je ne compte plus les fois où Bobba m'a fait le cadeau de me laisser comme deux ronds de flan. Il n'était jamais à court d'idées inattendues me ramenant à ce que Shunryu Suzuki appelait l'« esprit du débutant ». Cultiver cet état qui accepte toute situation nouvelle dans un esprit d'ouverture étonnée, sans préjugés ni jugements de valeur, peut être considéré comme la véritable pratique du zen. C'est le but de l'exercice méditatif, en position assise silencieuse, nommé zazen.

Évidemment, Bobba ne pouvait pas méditer en lotus ; d'ailleurs il n'en avait pas besoin. Il n'avait pas besoin, pour plonger au plus profond de l'Être, dans l'éternel instant présent, d'une forme particulière de rituels, d'un coussin spécial ou de bâtonnets d'encens (qu'il n'aimait pas du tout). Sa méditation totalement dépourvue d'artifices était pour moi un tableau récapitulatif inestimable pour ma propre pratique qui, de temps en temps, avait tendance à se crisper.

Quand je m'asseyais sur mon coussin de méditation, Bobba tardait rarement à prendre ses aises à côté de moi. Sa position méditative était informelle et relâchée : il se laissait simplement tomber comme une masse, les paupières mi-closes. À peine installé, seuls un petit soupir et un claquement de langue le séparaient encore du *samadhi.* Il arrivait, quand mon ego était particulièrement fier de réussir à méditer et que je me prenais très au sérieux, qu'il se couchât juste devant moi, le derrière tourné dans ma direction. Avec cette vue sur sa rosette, je pouvais intensément réfléchir à l'idée selon laquelle la nature de Bouddha est présente en tout.

Mais, le plus souvent, j'avais tendance à me contenter de fermer les yeux… en espérant que Bobba ait bien digéré son repas de la veille. Il arrivait aussi, conformément à la tradition des maîtres zen – et cela toujours quand je me sentais particulièrement vénérable, là sur mon coussin –, qu'il lâchât, en pleine méditation, une pétarade dont l'odeur contrevenait sans aucun doute aux Conventions de Genève. Je crois qu'il mangeait exprès des choses qui ne lui réussissaient pas très bien, de manière à pouvoir, dans ces moments-là, expliciter son enseignement de façon très concrète et particulièrement durable. C'est un miracle si, en tant que disciple plusieurs années durant de ce maître du dharma pétaradant, je n'ai pas développé d'asthme allergique ou quelque affection du même genre.

Au début, il m'arrivait de bondir et de me pencher à la fenêtre pour échapper au malaise imminent, mais avec le temps j'ai appris qu'un pet de chien en cours de méditation est l'équivalent d'une pensée, d'un sentiment qui monte, d'une démangeaison au creux du genou droit, du bruit d'une voiture qui passe ou du murmure d'une mouche dans la pièce.

Tous ces phénomènes naissent et disparaissent. Ils font partie de l'instant, partie du tao tel qu'il se révèle à ce moment précis. Cela commençait par une pétarade – ou pire par un léger sifflement à faire peur –, puis mes nerfs olfactifs lançaient un SOS et suppliaient mon cerveau de me faire tomber dans les pommes jusqu'à ce que la situation revienne à la normale. Tout comme les nuages passaient dans le ciel sans que je sois obligé de m'y accrocher, je pouvais aussi laisser passer les miasmes de mon maître, même s'il arrivait que les yeux me brûlent et que la gorge me pique. Si, à l'inverse, je me levais précipitamment tel un lutin jurant et bondissant, me pinçant le nez, je ne faisais que prolonger le temps de la distraction, durant lequel je permettais à mon mental de conceptualiser l'événement. Or dès qu'un concept se précipitait, d'autres ne se faisaient pas attendre. Comme les Inuits qui ont soi-disant je ne sais combien de mots pour qualifier la neige (mais les paysans des Alpes en ont tout autant), les propriétaires de chiens ont sans doute leur dictionnaire des synonymes, dans lequel sont classés tous les termes désignant une « nuisance olfactive ».

Que disait déjà le maître zen Huang-po au IXe siècle ?

L'esprit est le Bouddha, tandis que le ralentissement de la pensée conceptuelle est la voie [41].

Notre faculté de parler et de conceptualiser les phénomènes constitue vraiment une performance culturelle que je ne veux en aucun cas diminuer. En effet, elle a fait de l'homme ce qu'il est en lui permettant de communiquer et d'atteindre des buts par la collaboration. Mais notre langage fonctionne souvent dans la dualité : quelque chose est comme ceci ou comme cela, rarement aussi bien ceci que cela. La plupart du temps, nous prononçons des jugements, considérons des phénomènes neutres comme bons ou mauvais selon leur nature – et surtout par rapport à nous, en fonction de notre état émotionnel du moment. Or chaque fois que nous émettons un jugement conceptuel, nous réduisons la latitude du phénomène : il ne peut plus être simplement ce qu'il est ; nous en faisons un ami ou un ennemi – et la différence entre les deux est souvent mince ! Bien sûr, il nous faut évaluer de nombreuses situations pour pouvoir nous y prendre comme il faut. Si un enfant se dirige vers une rue très passante, nous ne pouvons pas rester là à considérer

41. Cité par Helwig Schmidt-Glintzer dans : *Lektionen der Stille*, Deutscher Taschenbuch Verlag, 2007, p. 64.

que la situation est neutre et qu'il faut la laisser telle qu'elle se présente. Nous identifions le danger et agissons en conséquence. Notre jugement ne devient problématique que lorsqu'il prend son autonomie dans notre esprit, que plus rien ne l'arrête et qu'il range tout, selon la perspective de l'ego, dans des tiroirs préalablement fabriqués et étiquetés. Initialement outil, notre discernement prend les rênes de notre vie et nous pousse sans relâche à courir après ce qui nous est agréable et à nous défendre par tous les moyens contre ce qui nous est désagréable.

C'est ainsi qu'un pet de chien, en soi inoffensif, devient une atteinte à notre tranquillité méditative bien méritée, une offense à notre ego, un énorme problème contre lequel nous sommes capables de nous énerver pendant des heures. En réalité, ce n'est rien de plus qu'un pet qui aura disparu de notre champ olfactif en quelques minutes – et peut même nous aider à méditer et à réfléchir.

Je dois sincèrement admettre qu'en approfondissant la lecture de la littérature spécialisée, la différence générale entre les sages conseils mis à la disposition du méditant zen et les flatulences canines m'apparaissait de plus en plus floue. Les outrages odorants de Bobba et les paroles de Maître Joshu avaient pour moi la même valeur, dans la mesure où les uns et les autres me faisaient sortir de l'abstraction et réintégrer la réalité en me donnant une bonne claque. Ils faisaient exploser ma pensée conceptuelle par leur simple existence.

Cette découverte était un succès tel que l'entendaient les vieux maîtres zen et j'aurais pu le mettre à mon actif si le mot « succès » n'avait pas été ridicule et hors de propos.

Comme toujours, Bobba me fournit toute l'aide nécessaire à ma pratique. Il était près de moi à chaque séance de méditation sans exception. Peut-être mon chien maîtrisait-il le chinois et savait-il que le caractère qui signifie méditation représente deux personnes assises côte à côte par terre ? Contrairement à l'idée reçue, la méditation ne consiste pas à se retirer du monde dans la solitude mais, à l'inverse, à s'engager sans retenue, à se rapprocher du monde. Méditer, c'est être ensemble au même niveau, sentir les liens fondamentaux unissant toute vie. Et j'en prenais bien davantage conscience quand Bobba claquait à son aise de la langue et des babines pendant ma méditation que lorsque j'étais tout seul sur mon coussin.

En même temps, je crois qu'un chien apprécie tout simplement que son maître ou sa maîtresse soit détendu.

C'est le signal que tout va bien et que lui aussi peut se détendre. Et puisque la détente est un heureux effet secondaire de la méditation, c'est tout bénéfice pour la connivence du chien et du maître.

Bobba et moi, en tout cas, nous sentions de mieux en mieux au fil de nos méditations communes. Le voir arriver au petit trot quand je m'asseyais pour méditer et passer en un clin d'œil du mode actif au mode méditatif marquait à chaque fois pour moi le début d'un glissement conscient dans le présent. Bobba était en permanence un exemple vivant d'ouverture et de concentration ; il était présent d'une façon toute naturelle, qui nécessite le plus souvent, chez nous humains, un laborieux apprentissage.

Car sinon, pourquoi les enseignants, les swamis, les maîtres zen, les Pères du désert, les bénédictins, les soufis, les Rinpochés auraient-ils dû mettre au point et transmettre autant de méthodes de méditation ? Pourquoi faire quoi que ce soit quand il s'agit juste d'accepter le moment présent tel qu'il est ?

Je suis loin d'être un maître zen, mais à la lumière de mon humble compréhension, il me semble que la pratique méditative formelle sert uniquement à laisser tomber le filtre du mental, à retirer nos lunettes cerclées de rose ou ornées de nuages sombres et à voir l'instant présent avec nos propres yeux. Le « ralentissement de la pensée conceptuelle », que Huang-po donnait comme définition de la voie, met au repos notre mental affairé et nous met à l'abri du risque permanent consistant à confondre nos rêves éveillés, nos désirs et nos représentations de la réalité avec *la* réalité.

La méditation a pour but d'apaiser ce mental qui jacasse en permanence, fourmille de convictions, de théories et d'idées et, pendant ce temps, passe à côté de la réalité bien réelle dans toute son ampleur, à côté de la voie et du tao. L'essence de la pratique méditative consiste, selon moi, à exercer ce regard neuf ou, mieux encore, à se préparer à cette ouverture spontanée des yeux et du cœur. Alors que Bobba, sans accès à la pensée conceptuelle, vivait encore sans retenue cette participation toute naturelle à l'instant présent, j'étais perverti par le langage et ma manie de classer les phénomènes par unités conceptuelles : ma réflexion sur le monde s'était substituée à une perception directe de ce dernier.

C'est en ce sens que rester assis sur un coussin est en quelque sorte une préparation à la méditation, la vraie, dont le cadre ne peut être que notre vie de tous les jours. C'est pour vivre l'éveil dans notre quotidien que nous répétons sur le coussin. Nous apaisons notre esprit pour l'élargir et nous ouvrir à la vie qui nous entoure. Nous sommes alors capables de voir la buse variable dans le ciel et de la laisser littéralement voler à travers nous. Il n'y a plus de différence entre notre esprit et le ciel quand les frontières de l'ego se dissolvent pour faire place à la clarté du vaste espace.

Le père franciscain Richard Rohr, que j'aime beaucoup et qui enseigne la contemplation chrétienne tout en faisant preuve d'une grande ouverture par rapport à toutes les tendances spirituelles, raconte dans l'un de ses livres la conversation entre un maître zen et son disciple, devenue célèbre en raison de son approche de cette question : pourquoi méditer ?

— Puis-je faire quoi que ce soit pour accéder à l'illumination ?

— Pas plus que tu ne puisses faire en sorte
que le soleil se lève le matin.
— Alors, quel est le but des exercices spirituels
que tu enseignes ?
— Tu t'entraînes de manière à ne pas dormir
quand le soleil se lève [42].

---

42. Richard Rohr : *Everything Belongs, The Gift of Contemplative Prayer,* The Crossroad Publishing Company, 2003.

Nous ne pouvons donc rien faire et devons néanmoins, précisément pour cette raison, faire quelque chose. C'est là le grand paradoxe de la voie méditative. Le vent souffle sans intention, mais il nous faut hisser la voile si nous voulons qu'il nous pousse. Sinon, nous resterons toute notre vie sur le rivage, à fixer la mer, sans vraiment connaître le vent ni sentir sa force.

Même si la méditation donne l'impression de viser un but, il faut se garder de l'envisager uniquement comme une technique ciblée.

Taisen Deshimaru a toujours accordé une grande valeur au *mushotoku*, c'est-à-dire à l'absence d'intention en méditation. Celui qui aspire à atteindre quelque chose par la méditation, qu'il s'agisse de détente, de sagesse ou d'illumination, manquera sans aucun doute sa cible, puisqu'un esprit tendu vers un but n'est pas méditatif. Cet esprit-là juge insuffisant le moment présent et tend à le transformer ; autant dire qu'il ne repose pas dans l'instant, mais s'escrime autour. Deshimaru est explicite : « C'est pourquoi je répète inlassablement qu'en faisant zazen, ce n'est pas la peine de se dire : "Je dois devenir ceci ou cela." Inconsciemment, naturellement, automatiquement vous pouvez le devenir. C'est l'essence du

Sôtô Zen. *Mushotoku*... sans but... sans objet, uniquement concentré sur la posture de zazen. [43]»

C'est peut-être le tir à l'arc qui permet le mieux d'expliquer le *mushotoku* : si nous nous concentrons uniquement sur la cible, sans jamais la perdre de vue, et fixons son centre en nous crispant à force de vouloir réussir absolument, il est fort probable que nous échouerons de plusieurs mètres. Le meilleur moyen consiste à se couler dans la détente de l'instant à tel point qu'il ne subsiste plus aucune séparation entre le tireur et la cible, entre le sujet et l'objet. Le mouvement fluide composé de la mise en place de la flèche, de la tension de l'arc, du relâchement de la corde, du vol de la flèche et de l'atteinte de la cible n'est plus alors qu'un acte unique. Le tireur, la flèche et la cible ne font qu'un. Il ne s'agit plus d'atteindre quelque chose en particulier : le fait d'atteindre est déjà contenu dans l'acte. Transposé à la méditation, cela signifie qu'en plein zazen on est un bouddha. La différence entre notre mental quotidien et l'esprit éveillé du Bouddha cesse d'exister dans la méditation ; même le temps linéaire qui semble s'écouler tandis que nous évoluons du « quotidien » vers l'« identique au Bouddha » est

43. Taisen Deshimaru : *Questions à un maître zen*, p. 26.

reconnu pendant le zazen comme illusoire. Nous sommes le tireur, la flèche et la cible ; nous sommes cet homme, la méditation et l'esprit de Bouddha. Tout en même temps, juste maintenant. Quand, en ce sens, il n'y a plus rien à atteindre, cette déclaration de Maître Joshu gagne en clarté :

> *Coupez la tête des bouddhas de la récompense et de la libération et vous deviendrez des hommes de valeur* [44].

Il n'y a pas de récompense au bout de la voie méditative, pas d'illumination, pas d'auréole, pas de paradis, pas de soixante-douze vierges, pas même une boule de glace ou un t-shirt avec une inscription pleine d'esprit. Il n'y a que le monde du moment présent, l'homme et la méditation, qui tous ensemble forment une unité parfaite.

Bobba avait quelques difficultés avec le tir à l'arc mais, en matière de méditation, personne n'avait rien à lui apprendre. Il ne la séparait pas du reste de son quotidien comme je le faisais avec mes temps de méditation fixes. Il se contentait d'être toujours absolument présent,

---

44. Yoel Hoffmann (éditeur)/ Joshu Jushin : *Rein in Samsara*, op. cit. p. 35.

il se ruait sur une balle pour s'effondrer l'instant d'après dans l'herbe, la tête vide, sans plus savoir où il s'arrêtait et où commençait l'herbe. Il était vraiment étonnant de le voir passer de la tension à la détente, sans préférence pour l'un ou l'autre état, son monde n'étant pas altéré ou troublé par quelque attente issue de la pensée. Il n'était pas obligé d'expliquer l'instant, puisqu'il était cet instant.

Je n'avais décidément jamais fini d'apprendre de lui…

La méditation spontanée de la baleine des neiges

Et il faut en plus avoir le temps
de rester assis là à regarder devant soi.

ASTRID LINDGREN

Je me souviens d'un jour d'hiver. Il me semble qu'une éternité s'est écoulée depuis et, dans le même temps, sa présence intacte dans ma mémoire le rend tout proche. Je me tenais dans le séjour et regardais par la fenêtre, perdu dans mes pensées. Comme d'habitude, Bobba était juste à côté de moi, les pattes de derrière sur une chaise, les pattes de devant sur le rebord de la fenêtre et, sur la vitre, devant son museau, s'était formée une petite tache de buée. Le lecteur de CD jouait *Music for Zen Meditation* de Tony Scott, l'un de mes disques préférés, enregistré au début des années soixante, une époque où « musique de détente » n'était pas encore synonyme de sons synthétiques de fin de série s'enchaînant au hasard. Scott n'a pas son pareil pour marier la tradition jazzy européenne à l'esthétique sonore japonaise. Dehors, il commençait à neiger pendant que la clarinette et le *shakuhachi* [45] se lançaient dans des noces improvisées, accompagnés par de douces notes de *koto* [45]. De lourds flocons tombaient sur le sol et le monde semblait tourner au ralenti. La musique de Tony Scott, Shinichi Yuize et Hozan Yamamoto traversait les haut-parleurs comme pour accompagner la danse des flocons de neige. L'univers était improvisation et beauté, et Bobba et moi avions la permission de regarder, voire de participer pendant que la musique donnait un cadre au silence, lui offrait de l'espace. Nous étions en quelque sorte recueillis, mais sans impératif religieux. Nous avons regardé par la fenêtre jusqu'à ce que la musique s'arrête et que seul notre souffle soit encore perceptible. Dehors, une fine couche blanche s'était déposée sur les arbres, les maisons et les trottoirs, et j'ai rarement vu plus beau spectacle. Le silence qui avait pénétré le monde, ma salle de séjour et mon esprit m'avait ouvert les yeux et révélé le miracle de ce moment-là.

L'aurais-je vécu exactement de la même façon si je ne m'étais pas adonné à une pratique méditative formelle ? L'expérience de cette pratique m'avait-elle permis d'être juste là en cet instant ? Je n'étais pas un chien qui

45. *Le shakuhachi* est une flûte en bambou japonaise, utilisée principalement à des fins méditatives et le *koto* une cithare japonaise à treize cordes (NDA).

vit toujours le monde de cette façon, mais un homme qui avait peut-être un peu besoin de s'exercer pour vivre de tels moments de non-exercice. Je tiens cependant à faire comprendre que c'est ce silence qui nous permet de percevoir vraiment le monde. Un silence qu'aucune méthode ne permet de créer, un silence qui se contente de nous prendre, qui nous est offert dès l'instant où nous sommes capables, tout naturellement, de faire abstraction de nous-mêmes. Quelle que soit la complexité des rituels japonais ou tibétains appris, notre nature de Bouddha nous sera plutôt révélée par une seule note de clarinette ou de *shakuhachi*, alors que nous ne faisons que respirer, nous dissolvant dans notre étonnement face au monde. Nous pouvons nous passionner pour la mécanique quantique et développer de fascinantes théories, mais nous ne découvrirons l'essentiel que si nos yeux s'ouvrent vraiment, que si nous sommes pleinement présents.

Là, à côté de mon chien, je me faisais un peu l'effet, en ce jour d'hiver, de quelqu'un qui avait réussi à atteindre la cabane d'Hanshan, l'ermite de la Montagne froide, et regardait à présent la neige avec lui. Silence, blancheur, souffle, vitre embuée, moment présent, perfection – un homme perdu dans l'instant et donc pleinement là.

Li Po, poète chinois du VIIIe siècle a écrit un jour :

Nous sommes assis ensemble, la montagne et moi –
jusqu'à ce qu'il ne reste plus que la montagne [46].

Nous regardons, respirons jusqu'à ce que disparaisse la distance qui nous sépare du monde, jusqu'à ce que nous nous soyons dissous en lui. Mon chien et moi, la neige et nous, le *shakuhachi*, la clarinette, les sons et le silence entre les notes : tout n'était qu'un, juste ici et maintenant. Nul besoin d'ajouter ou de retirer quoi que ce fût. Nous étions calmes, sans le moindre désir de voir la situation changer.

J'ai assez souvent vécu des moments comme celui-là avec Bobba. Peut-être sa profonde détente était-elle communicative ? Peut-être sa respiration calme réduisait-elle mon mental au silence ? Ou peut-être disposait-il de dons magiques perfectionnés ? Un Albus Dumbledore [47] de la méditation, en quelque sorte ? Je suppose, en tout cas, que notre affection réciproque nous accordait l'un avec l'autre, sa compagnie étant un régal capable d'apaiser

46. Version légèrement modifiée d'après Jon Kabat-Zinn : *Où tu vas, tu es*, J'ai lu, 2013.
47. Albus Dumbledore est le professeur et mentor de Harry Potter, l'apprenti magicien le plus célèbre de notre époque (NDA).

toutes les tensions. Les explications les plus simples sont parfois les meilleures et tout ce qu'il m'était resté de mes études de philosophie était un *rasoir d'Ockham* bien affûté.

Je ne pus toutefois m'empêcher de m'étonner que Bobba fût capable de regarder les flocons tomber avec autant de calme, car d'habitude la vision de la neige suscitait chez lui une tout autre réaction. La neige était chaque année une occasion renouvelée de se réjouir dont les hommes (du moins la plupart des adultes) ne savent plus profiter.

Lorsque je sortis avec lui, ce jour-là, il réagit comme je m'y attendais : la neige le rendit complètement fou. Il était absolument fou de joie : il passa plusieurs minutes à tourner en rond, courant aussi vite que possible, avant de filer vers l'horizon pour revenir au sprint et sauter autour de moi avec une telle énergie que le lapin Duracell faisait l'effet, à côté de lui, d'un troll sous antidépresseurs. Puis il baissa la tête, ouvrit la gueule et se mit à fendre la neige comme une minuscule baleine brune, avalant des pelletées sans jamais se rassasier. Je ne pouvais malheureusement pas l'en empêcher : il était comme un petit enfant que l'on envoie tout seul, avec une sacoche pleine d'argent, chez le glacier. Il n'avait plus de limites et je ne pus que le réconforter plus tard de mes caresses, quand le mal au ventre le cloua sur son tapis. Mais le plaisir qu'il avait pris en valait manifestement la peine. Jamais auparavant ni après lui je n'ai vu qui que ce soit se réjouir autant. Peut-être pensait-il que le ciel canin s'était ouvert et avait recouvert le monde de nourriture blanche (C'est dingue, mon vieux… Tout ça pour moi ! Je craque !) ? Je ne sais pas. Mais le regarder se livrer à ses frasques dans la neige me touchait profondément.

Il était entièrement à ce qu'il faisait et me montrait que méditer ne consiste pas uniquement à demeurer tranquille, mais aussi, de façon générale, à s'engager pleinement dans la situation présente. Et quand la situation demandait d'absorber toute la neige tombée sur l'herbe du parc et d'être vraiment un avec elle, à l'intérieur comme à l'extérieur, alors c'est justement ce qu'il fallait faire et y prendre un sacré plaisir !

Le coussin de méditation était bien au sec, condition utile au recueillement. Mais la vraie vie, la perfection de la neige, de la pluie et du banc gorgé d'humidité faisaient en sorte que nous nous mouillions pour accéder au moment présent. Dans son rôle de maître, Bobba me montrait qu'entre un coussin, des chaussettes trempées et un pantalon qui l'était tout autant, il n'y avait pas de différence. Tout cela était la vie, dont nous sommes un élément unique, contre laquelle on ne peut rien (même si nous essayons toujours), qui nous empoigne et zoum ! fait le ménage dans notre tête, avant de nous faire sourire.

Pardonnez-moi ce langage de bande dessinée, mais il n'existe pas de mot vraiment *ad hoc* pour qualifier ce moment où la vie nous renverse joyeusement, où nous nous engageons pleinement dans ce qui se passe sans que notre intellect n'établisse de séparation artificielle entre nous et ce qui est. Quand les frontières tombent et que nous sommes non seulement pénétrés par la joie, mais que nous sommes la joie, il me semble que « zoum ! » décrit au mieux la rapidité du phénomène du point de vue de la théorie de la connaissance chère à la philosophie.

Comme Bobba connaissait cette joie par cœur et la transmettait quoi qu'il fît, ses leçons n'étaient jamais ennuyeuses et me propulsaient dans un état d'ignorance joyeuse et d'engagement total. Bobba était pour ainsi dire le bâton de Guignol du Bouddha et je n'aurais pu envisager d'autre maître, étant donné que la plupart des enseignants du dharma doués d'humour ont pris leur retraite depuis longtemps.

Quand on considère les récits et les anecdotes concernant les anciens maîtres chan et zen, leurs manières non conventionnelles, leur spontanéité et leur joie de vivre, ou que l'on se régale de leur approche authentique du monde, perceptible dans leurs méthodes d'apprentissage et leurs poèmes, on est parfois surpris par le caractère formel et extrêmement ritualisé des *sesshins* zen d'aujourd'hui. À croire que l'absence de complication et l'immédiateté ont été transformées en leur contraire par une caste d'enseignants professionnels…

Je préférais donc de loin rester assis avec mon chien au bord du ruisseau et me laisser dissoudre dans le monde par le bruit de l'eau qui file dans un joyeux glouglou sur les cailloux polis. Cette méthode me convenait bien mieux que celle qui consiste à observer un chauve vêtu de noir s'incliner dans une direction, puis dans l'autre, selon un ordre précisément prescrit, au milieu d'autres chauves vêtus de noir, avant d'exécuter tel et tel pas et de faire brûler un bâtonnet d'encens après l'autre, histoire de montrer le sérieux avec lequel la tradition est respectée.

Bobba leur aurait dit : « Sortez-vous plutôt le bâton du derrière pour jouer avec ! »

Le fait est que j'ai rarement vu événements à ce point désertés par l'humour que les *sesshins* zen. Seules glorieuses exceptions : celles de Brad Warner, mais il est vrai qu'il n'a rien du représentant typique de la culture zen. Ses *sesshins* commençaient certes de manière très traditionnelle – si bien que je m'étais dit : « Aïe, tu t'es encore trompé d'endroit ! » –, mais il troquait ensuite sa robe contre un t-shirt de Kiss et un pantalon de camouflage, avant de s'adresser à l'assemblée des pratiquants, assis raides comme des bâtons et la mine figée dans leurs kimonos noirs : « Vous pouvez le garder, mais moi je me sens ridicule dedans. »

Il fallait voir la stupéfaction sur les visages des participants : impayable !

Je crois sérieusement que ce moment était, pour eux tous, le meilleur de toute la *sesshin*, car c'est en cela précisément que devrait consister le zen : briser les schémas de pensée habituels, remettre en question les rôles et les masques, accéder à l'instant présent et y demeurer, rire de soi et de toutes les prétendues autorités.

Warner formule en ce sens sa compréhension du zen en quelques mots choc :

Le zen remplace tous les objets de croyance par une seule chose : la réalité elle-même. Nous ne croyons qu'en cet univers. Nous ne croyons pas en une vie après la mort. Nous ne croyons pas en l'autorité publique. Nous ne croyons ni en l'argent, ni au pouvoir, ni à la gloire. Nous ne croyons pas en nos idoles. (…) Nous ne croyons pas en Bouddha. Nous ne croyons qu'en la réalité. Juste en ce qui est là [48].

Bobba ne voulait ni que je croie en lui ni que je le hisse sur un piédestal de velours. C'est la raison pour laquelle il mangeait des tonnes de neige, se roulait dans la merde de mouton ou dans un cadavre de hérisson écrasé depuis des semaines (Oh, mon Dieu ! Je préfère vraiment vous épargner les détails peu appétissants…), mettait à mort un monstre de fauteuil vert ou se jetait la tête la première dans la poubelle. J'ai aussi eu le plaisir douteux d'assister à l'une de ses tentatives d'accouplement, lorsqu'il couvrit une chienne plutôt indifférente, perdit l'équilibre et bascula tout doucement sur le côté avec elle dans l'herbe, la chienne en profitant pour s'enfuir et le laissant à sa frustration. J'ai rarement vu tableau aussi lamentable !

48. Brad Warner : *Hardcore Zen*, p. 244.

Mais quelques minutes plus tard, il était de nouveau d'attaque, pleinement concentré sur sa technique de préhension de balle qui couine et sur la transmission du dharma à son disciple à deux pattes.

Bobba ne se prenait pas trop au sérieux, ce qui lui permettait de s'adapter d'emblée à toute nouvelle situation, sans être obligé de se demander au préalable si elle allait le mettre à son avantage. Il était, comme Brad Warner l'a formulé, « ce qui était juste là ».

Or « ce qui était juste là » était amplement suffisant et m'offrait bien plus que ce que mon imagination pouvait traficoter. « Ce qui était juste là » était vraiment, attirant à chaque instant mon attention sur l'essentiel... et dégageant une drôle d'odeur par temps de pluie.

Simplement suivre le cours du tao

Je proposerais bien quelque chose pour t'aider,
mais dans le zen nous n'avons rien du tout.

IKKYÛ SÔJUN

Le naturel authentique de Bobba, cette faculté d'être pleinement lui-même, entièrement dans la vie – sans pour autant prendre quoi que ce soit au sérieux au point de s'y casser la tête pour l'éternité ou de se désespérer – était ce qui m'impressionnait le plus chez lui, et peut-être aussi ce qui m'a fait le plus de bien dans de nombreux domaines. Toute sa vie durant, il est resté la joie et la sérénité faites chien, même s'il a traversé des moments de chagrin à fendre le cœur.

Bobba avait un bon copain avec lequel il jouait quelques minutes presque tous les jours. C'était un doberman répondant au nom de Charlie qui, bien qu'un peu plus âgé que Bobba, semblait toujours débordant d'énergie quand ils faisaient les fous à travers le parc et se bagarraient si fort qu'il est arrivé que l'on nous demandât, au propriétaire de Charlie et à moi, si nous organisions des combats de chiens illégaux. Pour nous rendre au parc, Bobba et moi passions toujours devant la « maison de Charlie », ce qui n'est pas un lapsus de ma part. C'était bien la réalité : Charlie était un chien de garde né et le jardinet devant la maison était son royaume. Le cambrioleur qui aurait eu la bêtise de s'aventurer là aurait pu finir mystérieusement disparu. Peut-être aurait-on encore retrouvé une chaussure ensanglantée, mais sans doute rien de plus !

Charlie n'en était pas moins très courtois à notre égard et c'est avec plaisir que nous passions le chercher avec son maître, avant d'aller terroriser le parc.

Mais l'âge de Charlie finit par se faire sentir. Il avait des problèmes de hanche et de cœur. Les médicaments correspondants calmaient le tout, mais il déclina quand même assez vite et, un jour, Charlie quitta pour toujours son jardinet.

Je ne sais pas très bien ce qui fit la différence pour Bobba car, bien sûr, il nous était souvent arrivé de passer devant la maison de Charlie et de trouver le jardinet déserté, quand Charlie et son propriétaire étaient déjà au parc, par exemple, ou partis camper, le camping devenant en quelque sorte la colonie de Charlie. Mais pour une raison que je ne saurais expliquer, Bobba sentit immédiatement que le jardinet resterait dès lors abandonné et que Charlie ne reviendrait plus. Jamais je ne l'avais vu aussi abattu et rien n'y changea les jours suivants. Il se traînait, semblait curieusement indifférent et même sa chère balle qui couine ne l'attirait plus vraiment. Il ne sembla plus apprécier sa nourriture et ne toucha même plus aux os à mâcher.

Chaque matin, quand son allure me laissait penser qu'il allait mieux, il nous fallait passer devant la maison de Charlie. Bobba reniflait sur toute la longueur de la clôture, avant de se traîner jusqu'au parc, sans intérêt ni élan. Il me faisait de la peine et je me suis vraiment fait du souci pour lui. Et puis, un matin, il était redevenu comme avant. Je n'ai pas la moindre idée de ce qui s'est passé, mais j'ai eu l'impression que le temps du deuil était simplement révolu. Il s'est remis à courir après sa balle avec l'enthousiasme d'avant et à se jeter sur sa nourriture l'après-midi, au point qu'il était permis de se demander s'il n'allait pas manger la gamelle avec.

Ce n'est qu'avec le recul que je pus m'expliquer cet épisode de deux petites semaines. Comme toutes les situations, Bobba avait vécu celle-là pleinement. Comme il pouvait être le bonheur à l'état pur, il avait été, les jours précédents, le chagrin à l'état pur, pleurant son ami à sa façon. Certains jours offraient un cadre au jeu et à la joie, à la lutte contre un *deux-pattes* pour un bâton surdimensionné, aux attaques simulées contre Charlie et aux courses à s'en faire pendre la langue comme une cravate sur le poitrail. Et puis Charlie ne fut plus et tout, oui, tout ne fut qu'une grosse saloperie !

C'était incompréhensible, injuste et il n'y avait rien d'autre à faire que d'être triste.

Et puis toutes les larmes furent pleurées, le processus de changement fut accepté dans ce cas-là aussi ; le monde avait continué à tourner, enrichi d'une expérience : être sans Charlie. Le tao continuait de couler, y compris à travers le corps mort de Charlie, le corps en vie de Bobba, l'esprit des deux, sans perdre ni l'un ni l'autre.

Bobba se remit de son chagrin, non pas parce qu'il avait oublié son camarade de jeu, mais parce que le temps du deuil avait été pleinement vécu et était donc révolu.

Peut-être vous imaginez-vous qu'un maître zen doit être au-dessus de ses sentiments ? C'est une grave erreur.

On ne devient pas un bloc de bois qui ne ressent rien juste parce que l'on est très conscient des émotions qui naissent et capable de les observer sans se laisser complètement dominer par elles, sans mettre sous le nez d'autrui toute négativité émergente. Accepter le changement ne signifie pas être indifférent à tout. La sérénité n'est pas l'indifférence et le zen n'est pas une forme d'insensibilité. Quiconque rejette ce qu'il ressent en a peur et n'est conscient ni de lui-même ni de ses émotions. Aucun maître n'a jamais dit qu'il fallait éliminer ses sentiments pour pratiquer le zen. Rejeter sa vie intérieure émotionnelle et ne pas la prendre en considération est, au fond, l'inverse de la doctrine bouddhiste.

Kôdô Sawaki écrit :

Qu'a au juste enseigné le Bouddha ?
Que chacun d'entre nous doit se reconnaître lui-même, s'étudier, découvrir par lui-même ce qu'il a vraiment à faire ici et maintenant – en cet instant [49].

En pensant que ce que nous ressentons ne nous appartient pas, nous nous rendons nous-mêmes incomplets, nous nous tuons nous-mêmes. Nous ne pouvons pénétrer les sentiments – et nous-mêmes par la même occasion –

---

49. Kodo Sawaki : *Zen ist die grösste Lüge aller Zeiten*, p. 22.

qu'en les vivant, en plongeant dans leur profondeur, en observant de quelle façon ils agissent sur nous, en leur permettant d'être et en les traversant de telle sorte qu'à partir d'une émotion qui émerge, puis disparaît, se dégage une expérience qui nous fait mûrir.

Il existe une multitude de récits de maîtres zen submergés par l'émotion alors qu'ils vivaient le décès d'un disciple ou découvraient la vraie beauté de la nature, par exemple. Nous trouvons des récits de ce genre aussi bien chez Ryôkan que chez Hanshan et de nombreux autres maîtres zen sont décrits non pas comme des machos de la méditation, mais comme des êtres très sensibles. En effet, comment faire preuve de sensibilité à l'égard d'autrui quand on ignore ce qu'est un sentiment ?

La pratique méditative – zen ou autre, peu importe – devrait nous rendre capables d'identifier ces sentiments, de les ressentir vraiment, sans pour autant nous laisser complètement transformer par eux en machines à osciller entre stimulation et réaction. Quoi que nous éprouvions en cet instant, il n'y a rien à redire – même si toutes les émotions n'ont pas à être converties, sans le moindre filtre, en actes susceptibles de blesser autrui.

Quand, désormais, le tao me réserve du chagrin, je m'écroule de tristesse. Rendre les autres responsables de son état et les enguirlander n'est pas une façon d'exprimer son chagrin ; c'est le signe d'une méconnaissance de ses émotions, laquelle pousse, à partir de l'inextricable jungle de sentiments inconnus, à commettre des actes inconscients. Faute de se connaître, on porte des coups à l'aveugle autour de soi.

Pour Bobba, les sentiments étaient une chose à vivre ouvertement avec franchise, et non à embrouiller à grand renfort de mots déversés durant des dizaines d'années sur le divan du psychanalyste. Nous suivons le cours du tao qui nous emporte naturellement. Et puis le cours de la vie décrit une boucle dans laquelle l'eau est trouble, boueuse et froide. On ne peut faire autrement que de s'y sentir mal et pourtant il existe un affluent, le plus souvent caché, porteur d'eau claire et baigné de soleil ; la végétation est belle sur ses berges, les clapotis et les glouglous sont joyeux. Et il ne viendrait à l'idée d'aucun chien prenant un tant soit peu soin de lui d'emporter une gamelle d'eau boueuse et froide pour la placer en équilibre sur sa tête, histoire de continuer à se sentir mal à l'avenir.

C'est simplement comme c'est. Hier c'était comme ça, demain ce sera autrement. Rien n'a à être empêché, raccourci ou artificiellement prolongé.

Bobba était un vrai chien taoïste : ouvert, franc et simple, autant dans le chagrin que dans les moments bien plus amusants.

J'ai déjà mentionné le fait que Bobba m'accompagnait souvent au bureau, où il avait conquis le cœur de tous les collègues. Il avait aussi une mission importante qu'il remplissait consciencieusement. Dans le cadre de mes activités au sein de la maison d'édition, j'avais souvent affaire à de nouveaux auteurs qui me soumettaient leurs manuscrits. Dans la mesure du possible (et où le synopsis fourni était prometteur), j'essayais toujours d'organiser une rencontre. L'expérience m'avait montré que les gens eux-mêmes pouvaient davantage m'enthousiasmer que la simple lecture de leurs idées ; or cet enthousiasme communicatif que je pouvais ensuite transmettre au libraire et au lecteur était l'alpha et l'oméga du métier. Par ailleurs, je me laissais guider par mon instinct puisque, de toute façon, personne ne sait comment « fonctionne » vraiment le marché du livre et ce qui fait que tel titre devient un best-seller ou fait un flop. Lors de ces rencontres, il était donc question de sympathie ou d'antipathie, de clarté ou de confusion, d'impression bonne ou mauvaise.

La simple présence de Bobba était le premier indicateur. Quand quelqu'un me parlait de son œuvre novatrice sur le lien entre tout ce qui est (« Comme nous le savons, n'est-ce pas, tout est un »), mais éprouvait une sorte de dégoût pour ce chien dans le bureau, c'était déjà pour moi l'indice sérieux d'une absence de crédibilité. Non, n'ayez crainte, je ne jugeais personne, mais le doute était là.

Comme Bobba allait toujours à la rencontre de tout nouveau visiteur et le saluait avec joie (« Salut, moi c'est Bobba ! Qu'est-ce que tu m'as apporté de bon ? »), je pouvais voir aussitôt la réaction des gens, comment ils se comportaient face à une situation inhabituelle et s'ils étaient chaleureux.

Il n'y eut qu'une personne que Bobba ne salua pas durant toute cette période et cela aurait dû me mettre la puce à l'oreille...

Un jour, je reçus un coup de fil d'une vague connaissance rencontrée dans le cadre de mon travail avec un autre auteur. Presque bouleversée, elle me parla d'un guérisseur chez qui elle avait fait quelques séances et assisté à quelques séminaires. Elle était tout excitée, car la personne en question avait évoqué son intention d'écrire un livre ; or elle était justement en route avec elle, pas loin de mon bureau, si bien qu'elle me proposait de passer l'après-midi même pour discuter de ce projet.

Puisqu'elle ne tarissait pas d'éloges sur cet homme, j'ai pensé que cette visite ne pourrait pas nuire ; j'ai donc accepté sans plus de cérémonie. Elle me précisa avant de raccrocher qu'ils ne seraient pas seuls.

Ce « pas seuls » de mauvais augure s'avéra être un cortège de six ou sept autres disciples emboîtant le pas du maître. Contrairement à son habitude, Bobba resta couché sous mon bureau, si bien que personne ne put ne serait-ce que supposer qu'un chien se trouvait dans la pièce. Cela m'a bien semblé curieux, mais je n'ai pas tardé à remarquer qu'en dehors de l'ego du maître il ne restait pas beaucoup de place pour qui ou quoi que ce fût, et encore moins pour un chien de bureau certainement pas décisionnaire.

À peine le maître s'était-il installé, ses disciples rassemblés autour de lui, qu'il se répandit, sans y être prié, en insupportables péroraisons. Il m'avait rarement été donné d'entendre un tel bourrage de crâne et autant de théories fumeuses manifestement bricolées dans quelque sphère de l'univers inconnue de moi. Il ne dit pas un mot à propos de son projet de livre, mais continua à pontifier, comme il le faisait sans doute toujours quand il tombait sur des moutons dociles. Tandis que ses disciples étaient pendus à ses lèvres, je me mis au bout d'environ une demi-heure (oui, j'avais bien fait mon travail !) à perdre le fil qui avait dû, depuis longtemps, échapper des mains du bonhomme gesticulant.

Je l'ai interrompu à plusieurs reprises en lui demandant de me dire en quelques mots de quoi il serait question dans son livre, ce qui n'eut pour résultat que de le faire remonter au déluge, avant de livrer une version absurde de l'histoire de l'humanité. Sa spécialité, qui consistait à combiner des concepts définitivement incompatibles, renforçait sa conviction frappante d'être un véritable cadeau pour l'humanité. En bref, c'était insupportable et un service d'urgence psychologique aurait été le bienvenu. Peut-être aurait-il pu m'envoyer quelqu'un, de préférence avec une fourgonnette capitonnée, car les disciples me semblèrent aussi légèrement à côté de la plaque. J'observais régulièrement la dame qui m'avait mis dans ce pétrin et paru jusqu'alors à peu près raisonnable pour tenter de l'interroger du regard : « Qu'est-ce que tu t'es imaginé ? » Mais son sourire ravi finit par réduire à néant mes espoirs.

Vous connaissez des gens qui parlent, parlent… sans être le moins du monde gênés si vous les interrompez pour enfin changer de sujet ou en profiter pour déguerpir ? Le meneur de tous ces esprits confus, que seul leur propre bavardage intéresse, était assis là devant moi. Le sien ne prit fin que lorsque Bobba se leva tout à coup et se secoua sans discrétion (et, me sembla-t-il, avec dégoût), avant de se frayer un passage au milieu de la troupe réunie et de quitter la pièce. Sans un mot évidemment, ce qui est normal pour un chien, mais que je souhaite quand même souligner ici, car sa sortie silencieuse eut l'effet attendu. Un silence stupéfait succéda au départ de ce chien littéralement surgi de nulle part. J'en restai moi-même baba, car Bobba ne partait jamais comme ça, encore moins quand il y avait de la visite. Mais je n'étais pas le seul à en avoir assez.

J'en ai profité pour reprendre la situation en main. J'ai réussi à raccompagner la compagnie en articulant nerveusement : « Bien, je vous rappelle bientôt... ». J'ai fait un signe de la main, fermé la porte et secoué la tête avant d'éclater de rire. Ciel... qu'est-ce que c'était que ça ?

Bobba se tenait dans la pièce qui menait à mon bureau et me regardait.

« Tu es le meilleur chien du monde, crois-moi ! » J'étais vraiment fier de lui. Pourquoi n'avais-je pas eu moi-même l'idée de partir ? Il faut bien aller aux toilettes de temps en temps…

Mais j'étais, à cette époque, prisonnier des conventions et d'une politesse mal comprise, deux notions dont Bobba se moquait comme de sa première croquette.

Inutile de préciser que je mis directement à la corbeille le numéro du guérisseur autoproclamé, après avoir brièvement pensé à le brûler dans un rituel, ce à quoi je renonçai pour des raisons de sécurité.

Voici ce que j'ai retenu de cette journée : on n'est pas obligé d'écouter toutes les bêtises et de perdre son temps, y compris dans un contexte à caractère spirituel. Il est possible de mettre fin aimablement et fermement à des situations qui nous cassent les pieds. C'est bien plus franc que d'opiner poliment tout en se visualisant intérieurement sur une île déserte.

Le tao était sans pitié et ne laissait personne gaspiller une seule seconde de sa vie. Bobba suivait le cours du tao et prenait les choses comme elles arrivaient. Mais, même chiot, jamais il n'aurait laissé un idiot lui mettre la tête sous l'eau et lui faire avaler des litres de chlore au pipi à la piscine.

Je constatai qu'être authentique permet d'économiser ses nerfs et son énergie. Vivre en appliquant l'extrême sagesse de mon chien était une alternative à tous les chichis auxquels j'étais hélas le premier à me livrer.

La transcendance de l'ours sans tête

Le zen est le plus grand mensonge de tous les temps.

Kôdô Sawaki

L'affection d'un chien peut se manifester de curieuse façon. Je n'ai jamais trop apprécié, par exemple, que Bobba arrive devant mes invités avec, dans la gueule, l'ours en peluche dont il avait consciencieusement séparé la tête du tronc. Cela lui donnait de faux airs de *Cujo* [50] en modèle réduit et je m'attendais toujours à ce qu'il murmure d'une voix déguisée à l'un de mes hôtes, histoire de rigoler : « Ça va bientôt être ton tour… »

J'ignore pourquoi, mais il n'avait pas mis cinq minutes à infliger cette maltraitance à ce nouvel ours en peluche offert par une amie. Les pattes de devant plantées sur la poitrine de l'animal, il avait attrapé la tête avec les dents et tiré dessus jusqu'à ce que les muscles du cou de la peluche ne résistent plus. L'ours en question était

50. *Cujo* est le féroce saint-bernard tueur, personnage central du roman éponyme de Stephen King (NDA).

plutôt costaud, mais rien d'étonnant à ce qu'un chien, dont le passe-temps favori était le lancer de tronc d'arbre, fût capable d'arracher la tête d'un redoutable grizzli.

Il ne l'avait pas davantage mis en pièces et c'est dans cet état qu'il prenait soin de lui. Peut-être la manière dont cet ours l'avait fixé du regard lui avait-elle déplu… ?

Je fis plusieurs tentatives de réparation, mais à peine la tête était-elle recousue que Bobba l'enlevait à nouveau. Je finis par refermer la blessure à points grossiers pour que le rembourrage ne s'échappe pas plus et respectai la volonté de mon chien. Quant à la tête, je m'en suis débarrassé par une nuit sans lune dans un coin boisé isolé… Bon d'accord ! J'avoue : je me suis contenté de la mettre à la poubelle (mais l'autre version sonne mieux).

Dès lors, Bobba voua une passion profonde à son Teddy Sanstête : un tronc de peluche marron avec les bras et les jambes et, à la place de la tête, une couture digne de Frankenstein. Chaque fois que Bobba me le balançait sur les genoux ou sur le canapé pour que j'aie le plaisir d'éloigner du bout des doigts ce zombi en peluche trempé de bave, j'avais l'impression qu'il voulait me dire quelque chose. Il ne voulait pas jouer avec lui ; en tout cas, je ne l'ai jamais lancé et je n'ai jamais joué à la bagarre pour le lui prendre, comme Bobba aimait à le faire avec un bâton ou un morceau de corde. J'avais le sentiment qu'il voulait juste me montrer Teddy Sanstête. Peut-être était-ce là une version plus subtile du coup de bâton à la tempe qui avait brièvement débranché ma tête quelques années plus tôt pour que je me décide à suivre les leçons zen de mon chien ? De la même manière qu'il s'était obstiné à ôter la tête de son ours en peluche, il avait toujours su déjouer mes tentatives visant à me retirer dans ma tête et ma pensée conceptuelle.

Beaucoup de maîtres zen se sont adoucis avec l'âge ; et au lieu de me donner des coups de bâton, Bobba, qui avait peu à peu vieilli et s'était apaisé, me présentait désormais cet ours pour me rappeler que la voie zen est, en quelque sorte, une voie « sans tête ».

Chaque moment que je passais plongé dans l'instant présent était inévitablement sapé par ma tête, par ma raison qui essayaient de préserver l'expérience en posant des mots dessus. Je me suis souvent demandé à quoi était censé servir cet incessant monologue intérieur. Voulais-je m'assurer que j'étais encore là ? « Aujourd'hui, j'ai encore réussi à rester sacrément longtemps dans cet espace sans pensée ! Qui c'est le plus balèze ? » S'agissait-il de la peur de mon ego face à l'ampleur de l'expérience et à l'absence de limites qui l'incitait à papoter sans relâche ? Les mots et les concepts étaient-ils mon ancre inconsciente dans ce monde illusoire qui tournait autour de moi ?

À l'évidence, Je m'accrochais à tout et n'importe quoi, alors même que, dans le zen, il est question de lâcher prise.

Et puis, un jour, j'ai compris ! Assis sur mon coussin de méditation, je m'ennuyais à mourir, mon mental jacassant avec entrain et le temps s'étirant comme un chewing-gum. Soudain, Bobba me flanqua un coup avec son ours qui retomba dans mes mains posées dans mon giron : *hokkai-join* et peluche humide. En la regardant, je réalisai : ce n'était pas un ours en peluche, mais plutôt juste *quelque chose*. J'avais toujours considéré cette chose que Bobba traînait partout à partir d'une certaine perspective : en tant qu'ours en peluche auquel il manquait la tête. Mais je l'avais fait uniquement parce que ma raison était habituée à cette façon de le désigner. En observant ce je-ne-sais-quoi, je n'avais plus en tête de concept pour le ranger sur-le-champ dans une catégorie. C'était marron, plus gros au milieu avec quatre excroissances ; c'était plus ou moins mouillé, ça sentait légèrement le renfermé et, sur un côté, quelqu'un avait essayé de refermer une ouverture de sept à huit centimètres au moyen d'une couture imparfaite.

Comme vous le voyez, j'utilise toujours des mots. Mais comment faire autrement ? Ce que vous avez entre les mains est bien un livre et tant que Steven Spielberg ne m'a pas appelé, il n'en sera pas fait un film de sitôt…

Voici où je veux en venir : même après des années de pratique méditative, ma raison classait toujours tout dans un tiroir soigneusement étiqueté. Tiroir du haut : ours en peluche. Tiroir du bas : ours en peluche sans tête.

Il m'était impossible de *voir* puisque mon mental s'empressait de classer ce qu'il percevait par concepts, si bien que même l'inattendu était aussitôt comparé à du connu et catégorisé. Mais au moment précis où mon chien me jeta dessus son troisième jouet préféré (après la balle et le frisbee), je vis tout à coup uniquement cela.

Il y avait là *quelque chose* de posé dans mes mains et c'était juste fascinant. J'avais l'impression d'être Spock ou Data [51] et j'aurais presque penché la tête sur le côté pour observer cette chose à la manière de mon chien. Ce

---

51. Spock est un membre de l'équipage de la série télévisée *Star Trek* qui, en tant qu'extra-terrestre à la pensée purement logique, considère les choses comme des phénomènes neutres sans poser de jugement sur elles.
Data est un personnage de la suite de *Star Trek* intitulée *La Nouvelle Génération* qui, en tant qu'organisme artificiel, regarde le monde comme un enfant et tente, tant bien que mal, de s'orienter. C'est un Pinocchio moderne qui s'efforce de devenir un « vrai » homme (NDA).

dernier était d'ailleurs assis juste devant moi et me regardait avec intérêt.

— As-tu enfin compris ? Pouvons-nous aller jouer à la balle maintenant ?

— Je crois que je vois le monde exactement comme toi.

— Ça y est, c'est reparti ! Nom d'un chien, je ferais mieux de t'arracher la tête ! Ça marcherait peut-être… Bon, tu es au moins resté silencieux un court instant.

J'ai déjà mentionné le fait que Bobba prenait un plaisir pervers à me faire passer pour un idiot. Et comme d'habitude, il avait raison. L'instant s'était envolé, mais m'avait permis d'entrevoir comment un esprit libre peut demeurer dans la perception de *ce qui est juste là.*

Je me rendis au parc avec Bobba et j'eus presque le vertige en observant ce qui m'entourait. Où s'arrêtaient les arbres et où commençait le ciel ? Où finissait l'herbe et où commençait le sol ? Toutes les séparations que j'avais acceptées comme évidentes n'existaient en réalité qu'au travers des concepts issus de ma raison. Je regardai ma main, la remuai doucement, repliai mes doigts avant de les rouvrir, effectuai quelques battements et sentis le souffle de l'air, son contact sur ma peau. Les promeneurs ont dû penser que j'étais sous l'effet d'un trip de LSD. Mais cela m'était plus qu'égal puisque les amis soiffards de Bobba, assis çà et là dans le parc, n'avaient pas l'air plus frais. Un homme qui se tenait sur l'herbe et observait sa main les yeux brillants, un léger sourire ravi aux lèvres, passait presque inaperçu.

Bobba n'insista pas pour jouer à la balle comme il en avait l'habitude. D'une façon ou d'une autre, il sembla sentir que j'avais besoin d'un peu de temps pour m'y retrouver parmi ces phénomènes sans nom qui, en l'absence de désignation, n'étaient plus séparés de moi. En l'absence de mots, *ce qui est* m'était bien plus proche qu'à l'accoutumée.

Au bout de quelques heures, l'expérience s'estompa. Mais, même revenu à mon « état normal », je me sentais rempli d'un calme agréable, de paix, de liberté et de vastitude. De là-haut, dans son planeur, Frédérik Mey [52] m'enviait sûrement…

---

52. Reinhard Mey est un auteur-compositeur-interprète berlinois qui s'est fait connaître à la fin des années soixante en France sous le nom de scène de Frédérik Mey. Pilote amateur, il a chanté *Au-dessus des nuages*, version française de *Über den Wolken*, l'un de ses titres les plus populaires sorti en 1974 (NDT).

Les jours suivants, mes méditations consistèrent à observer attentivement mes structures mentales plutôt qu'à demeurer calmement dans l'instant. Grâce à mon expérience avec Teddy Sanstête, je me rendis compte jour après jour que je posais des mots entre moi et la réalité, me privant ainsi moi-même de la chance de la percevoir. Toute ma raison n'évoluait que dans le passé, comparant ce qui se présentait à elle avec des choses ou des faits déjà connus. Je prenais les mots tellement au sérieux, j'étais tellement empêtré dans mes concepts, que j'assimilais tout le présent, tout le réel, à mon monde imaginaire au lieu, à l'inverse, de me laisser mener au-delà des concepts par ce qui se passait effectivement dans l'instant présent.

Je dus hélas reconnaître que cette structure ne concernait pas seulement ma perception des objets du quotidien ; je mettais aussi les rencontres interpersonnelles en parallèle avec de vieilles représentations. Les gens n'avaient donc presque aucune chance de sortir du tiroir où je les avais mis, même si j'avais l'impression d'incarner vraiment cette devise trouvée avec l'aide de Bobba : « La situation et non la position ».

Et même les considérations spirituelles n'étaient pas à l'abri de cette structure mentale. À y regarder de plus près, en toute sincérité, je comparais ce que je vivais en cours de méditation avec ce que je lisais dans les livres. Ceci ou cela est-il vraiment du zen ? Qu'en disait Shunryu Susuki ? Et Taisen Deshimaru ?

Si ce livre était un roman, le moment serait venu où le chien se raclerait la gorge avant de hausser les sourcils en montrant la peluche sans tête. Cela ne s'est pas passé tout à fait de cette façon et mes yeux sont tombés tout seuls sur le je-ne-sais-quoi marron.

Même si je n'avais pas l'intention de m'arracher la tête et trouvais que ma raison me rendait souvent de précieux services, je me rendais bien compte que la chose que j'avais sur les épaules n'était pas toujours ma meilleure amie.

J'avais cru que le zen était ce qu'il y avait de mieux pour moi, qu'il me fallait pratiquer, lire des livres sur le zen et réaliser son esprit. Mais le mot zen était un mot comme les autres. Il servait à désigner quelque chose et, comme toute désignation, il restreignait ce dont il est vraiment question.

Comme toute tendance spirituelle, le zen n'est pas à l'abri non plus de l'auto-vénération ni de la sclérose dans des structures autocentrées. Même si le célèbre exemple du doigt et de la lune existe dans le zen – le doigt ne servant qu'à désigner le but sans être ce dernier –, notre propre tradition spirituelle peut être aussi mal comprise et considérée comme le but ultime : « On en fait partie, tout va bien ! »

Sur de nombreuses voies spirituelles, une énorme importance est hélas accordée à l'appartenance au groupe et celle-ci finit par devenir l'unique contenu au détriment du véritable enseignement, de la vraie libération. On appartient à une élite, au cercle de ceux qui savent mieux que les autres et, de ce fait, empruntent la seule voie juste. La voie est vénérée et non le cheminement – surtout s'il s'écarte de la voie suivie et révèle des pistes annexes inconnues et des sentiers moins fréquentés.

La voie zen elle-même avait été largement ouverte jusqu'à ce que le terme « zen » ne se transforme en route goudronnée recouvrant le sentier sauvage du zen authentique. Pourtant, la liberté ne se trouve pas dans l'imitation et la comparaison incessante de l'expérience personnelle avec la tradition. Kôdô Sawaki a dit : « Pratiquer la voie du Bouddha veut dire créer sa propre vie, c'est-à-dire trouver sa propre voie pour vivre cette vie-là [53]. »

---

53. Kôdô Sawaki : *Zen ist die grösste Lüge aller Zeiten, Angkor Verlag, 2005, p. 9.*

Tout l'art de Bobba avait consisté à empêcher que je ne glorifie le zen et l'envisage comme une pratique dégageant de la bassesse du quotidien. Il m'avait montré un tas de choses susceptibles de me libérer de la tentation consistant à délaisser la présence pure et simple pour investir mon énergie dans un monde imaginaire. Une chimère zen n'en reste pas moins une chimère, tout aussi illusoire que les autres. Le zen authentique vise la perception directe ; or si nous vénérons le zen et lui réservons une place spéciale, nous ne faisons que troquer nos lunettes habituelles, fabriquées à partir de conventions sociales, contre un filtre zen, nous abstenant ainsi d'observer la réalité. Si nous sommes zen, nous ne pouvons pas être nous-mêmes : nous sommes alors des pratiquants du zen et non cet indescriptible *je-ne-sais-quoi* que nous sommes en réalité, juste là, présent.

J'avais déjà les deux pieds dans ce piège quand Bobba m'a lancé un bout de peluche couvert de bave, histoire de me montrer que le mot zen n'est que la juxtaposition de trois lettres.

En tant que maître, Bobba se plaçait volontairement à l'écart de la tradition monacale et ne voulait rien avoir à faire avec tout cet appareil fait d'actes de nomination et de confirmation, de transmissions du dharma et de détenteurs de lignées. Jadis, les maîtres de cette trempe vivaient retirés dans la montagne chinoise ou japonaise et s'y bâtissaient une petite cabane dans laquelle ils se gelaient les fesses en hiver. De nos jours, ils ont du poil et un tapis confortable, si bien qu'ils peuvent passer leur temps, en toute modestie, auprès de leurs disciples à deux pattes. Dans nos sociétés détraquées, une prise en charge vingt-quatre heures sur vingt-quatre peut être pertinente si l'on veut pouvoir se consacrer à l'essentiel.

C'est ainsi que Bobba m'a appris que le zen transcende le zen et va au-delà. S'il ne le fait pas, ce n'est pas un zen authentique. Le vrai zen ne s'offusque pas non plus si on ne l'appelle pas « zen » et Kôdô Sawaki le dit en ces termes :

> *Quel est le but de notre pratique ? Nous réinventer au quotidien sur la base de la doctrine héritée de bouddhas et de patriarches, dans cette vie où chaque jour est le tout premier. Ce qui importe, dans cette vie sans limites, c'est la manière dont nous nous réinventons nous-mêmes complètement, sans imiter qui que ce soit ni nous prévaloir de choses apprises par cœur. Crée-toi toi-même et réinvente ta propre vie* [54] *!*

---

54. Kôdô Sawaki : *Zen ist die grösste Lüge aller Zeiten, op. cit., p. 10.*

Chaque jour de cette vie est le tout premier. Chaque moment est nouveau, mais tous les concepts servant à le décrire sont vieux. Cela vaut aussi pour le rapport entre moments méditatifs et traditions, les secondes s'occupant depuis longtemps des premiers.

C'est à cette époque que j'ai découvert les ouvrages de Toni Packer qui, après avoir pratiqué le zen de longues années, s'en est éloignée pour en faire quelque chose de personnel et d'unique qui me parut tellement sincère, authentique et dénué de prétention que lire ses livres me fit l'effet d'une libération. Je suis également tombé sur un merveilleux petit livre de Clark Strand dont le titre, *The Wooden Bowl: Simple Meditation for Everyday Life*, correspondait exactement à ce que je cherchais. Strand aussi avait longuement pratiqué le zen, avec un sérieux et une ambition dont je n'aurais jamais été capable. Il avait été moine zen, avait dû, comme Packer, assumer la direction d'un temple zen avant de constater que ce n'était pas vraiment sa voie, mais celle d'un autre. Il laissa tout tomber et écrivit un livre destiné à ceux qui souhaitent méditer dans le cadre du quotidien ordinaire sans toucher à la religion. Voici ce qu'il écrit au tout début :

Nous est-il possible de reprendre nos esprits et de faire, dans l'instant présent, l'expérience de nous-mêmes, de notre vie et d'autrui, sans être obligés pour cela d'accepter de nouvelles idéologies religieuses ou philosophiques ? La méditation peut-elle exister en dehors de tout cadre idéologique, comme quelque chose de simplement humain, sans pour autant porter atteinte à sa profondeur ? Que se passerait-il si on libérait la méditation si longtemps régie et tenue en laisse par les religions [55] *?*

Ces questions sont parfaitement justifiées. Et, en parlant de laisse, Strand me permet de revenir au meilleur maître de tous les temps. Formidable !

Il m'a fallu beaucoup de temps pour renoncer à nommer ce que j'étais en train de faire et les expériences correspondantes ; mais celui que toute laisse rebutait, n'en comprenant absolument pas l'utilité, soutint son effort jusqu'à ce que je finisse par piger. Pour cela, il dut même livrer un périlleux combat contre un grizzli sauvage, afin de me présenter une image que je puisse comprendre et qui me détache des concepts pour me mener jusqu'à la réalité.

---

55. Clark Strand : *The Wooden Bowl, Simple Meditation for Everyday Life.*

En écrivant ces lignes, des années plus tard, j'imagine Bobba jeter un œil sur l'écran par-dessus mon épaule, avant de lever les yeux au ciel : « Nom d'un chien, comment peut-on gaspiller autant d'encre à propos d'une chose aussi simple ? Oublie donc le zen et joue plutôt à la balle, de tout ton cœur et de toutes tes forces ! »

Une fois de plus, à quoi bon chercher un maître zen quand on a déjà un chien ?

Deux fous

Tu es drôlement futé pour un sans-poils.

ALF

Il existe une jolie histoire au sujet de Kakua, le premier Japonais ayant étudié le bouddhisme chan en Chine. Elle aurait sûrement plu à Bobba. Une fois revenu dans son pays d'origine après plusieurs années d'étude et de méditation, Kakua fut invité par l'empereur pour lui faire part de ses découvertes. « Dis-moi tout ce que tu as appris en Chine sur la doctrine du Bouddha ! » lui demanda le souverain. Kakua tira alors une flûte de sa manche et joua une courte note avant de s'incliner poliment et de disparaître pour toujours. Cette note unique qui naît dans le silence avant de disparaître est brièvement tout un monde, puis juste un souvenir envolé : voilà qui est pour moi la meilleure explication du zen que l'on puisse trouver dans toute la littérature bouddhiste. À partir de mon expérience avec Teddy Sanstête, je pus vraiment faire abstraction de toutes les discussions compliquées sur le zen, je ne fus plus obligé de m'expliquer quoi que ce soit et pus me contenter de profiter du temps passé avec mon maître à quatre pattes. En cessant d'appeler ma méditation « zazen », je ne la réduisis plus au temps passé assis sur mon coussin et élargis le champ de l'expérience aux moments où je faisais les courses, jouais à la balle, écoutais de la musique… et traînais le sac de croquettes acheté pour mon maître affamé.

Durant les mois qu'il me fut encore permis de passer avec Bobba, je me rendis de plus en plus compte (mais certains jours un peu moins) que toute façon de désigner ma voie en faisait quelque chose de spécial et ne lui permettait pas d'être juste *ce qui est*. L'idée de pratiquer le zen – *mushotoku* par-ci, *mushotoku* par-là – avait installé en moi un certain but, relié à mes représentations du zen et incluant des images de jardins de monastères japonais, de maîtres assis comme des statues et de moi transformé en l'un d'eux. Pourtant, Bobba n'avait jamais voulu que je devienne quelque chose d'autre. Tout ce qui l'intéressait, c'était que je devienne vraiment moi-même et laisse tomber toutes les idées curieuses m'empêchant de me contenter de jouer à la balle et d'accueillir pleinement en moi *ce moment-là*. Il aurait signé des deux pattes trempées dans l'encre cette déclaration d'Alan Watts :

Si vous voulez devenir plus que vous n'êtes, quelque chose qui se distingue de vous ou est supérieur à ce que vous croyez être, alors cela ne fait que montrer que vous n'avez pas encore découvert où vous êtes et que vous vivez sous le charme de l'illusion selon laquelle il existerait un autre lieu que celui-ci où vous devriez être [56] .

Avec Bobba, j'étais juste là en cet instant et je n'aurais préféré être nulle part ailleurs. C'est précisément en oubliant le zen que je me mis à pratiquer, pour la première fois de ma vie, le zen authentique. Bobba m'avait libéré de mes idées sur le zen et laissé boire la tasse du tao jusqu'à ce que je m'aperçoive que j'avais toujours su respirer sous l'eau. Tandis que je riais, le tao clapotait dans mon ventre sur les cailloux, les livres et les leçons. Je me sentais comme Ryôkan s'est décrit un jour :

Tel un tout petit ruisseau
qui trouve sa route
entre les crevasses moussues,
c'est ainsi, silencieusement,
que je deviens clair
et transparent [56].

---

56. Alan Watts : *Still the Mind, An Introduction to Meditation.*
57. Ryôkan : *La Rosée d'un lotus.*

Tout comme mon chien, j'étais devenu un fou qui n'était plus à sa place nulle part et pouvait, de ce fait, se sentir partout chez lui. J'aimais autant le banc amoché du parc que la salle de méditation du centre de retraite, le chemin menant au supermarché me semblait aussi silencieux (ou non) que la méditation marchée pendant une *sesshin*. Je me contentais de descendre la pente, comme le petit ruisseau de Ryôkan, en clapotant, sans le moindre désir désormais de me désigner moi-même ou de désigner d'une quelconque façon ma voie.

Par l'intermédiaire du zen, j'ai redécouvert la mystique chrétienne et pu m'en réjouir sans être obligé de renaître en Christ. Les possibilités d'apprentissage se sont élargies chaque jour davantage, dès lors que je me suis imaginé le dialogue de Maître Eckhart avec Kôdô Sawaki, que j'ai vu Saint Poimen et Antoine le Grand s'incliner dans un monastère zen, au son de la cloche ou du *shakuhachi*, ou Thomas Merton découvrir Dieu dans un cercle d'encre de Chine.

Les formes et les noms n'avaient pas la moindre importance. Ce qui comptait, c'était seulement l'esprit reposant en lui-même et s'ouvrant en silence au monde entier.

Maître Eckhart a dit : « Je prie tous les jours Dieu de me libérer de lui. » De même, il est dit dans le zen : « Si tu croises le Bouddha sur ta route, tue-le ! » Se vider entièrement de toutes les images nous rend disponibles à l'essence des différentes doctrines qui ainsi se rapprochent.

Bobba m'en avait toujours fait la démonstration. Il n'avait pas une once de faux respect en lui. Il n'aurait pas hésité à ne faire qu'une bouchée d'une statue du Bouddha en pâté de foie ; et, dans le même temps, il faisait preuve d'une telle bienveillance envers le chat de la voisine que celui-ci venait se coucher contre lui, sur son tapis, chaque fois que la possibilité lui était offerte d'entrer chez nous, et ils sommeillaient paisiblement l'un contre l'autre. De la même façon, il aurait sans plus y réfléchir levé la patte sur un crucifix, mais n'aurait jamais laissé tomber ce chat qui nous accompagnait, parfois au péril de sa vie, dans nos promenades au parc, ni renoncé à le soutenir quand il se faisait attaquer par un autre chien. Bobba avait l'art de réduire toutes les doctrines spirituelles à l'essentiel et de vivre cet essentiel.

Il me fit souvent l'effet d'une version poilue de Ryôkan qui admettait humblement que sa compréhension du bouddhisme n'était pas tout à fait académique, qui fut entraîné par son grand cœur dans quelques douces folies et dit de lui-même :

Oui, je suis vraiment un imbécile
qui vit au milieu des arbres et des plantes.
S'il te plaît, ne lui pose pas de questions
sur l'illusion et l'illumination.
Le vieil homme que voilà
aime simplement se sourire à lui-même [58].

Se sourire à soi-même, dans la détente, et par là même inviter tous les êtres à venir à soi : voilà une chose que Bobba savait faire mieux que quiconque. Et après avoir passé quelques années à ses côtés, je pus au moins m'essayer à cet art.

Celui qui fait abstraction des images, des stéréotypes et ne participe plus au « jeu » court bien sûr le risque de faire sourire à ses dépens, ce qu'ont vécu tous les fous, à deux ou quatre pattes. Mais les fous aimants et fondus d'ouverture d'esprit jouissent aussi d'une liberté sans limites : ils sont libres de s'épanouir dans le tao, libres de suivre leur propre chemin même s'ils n'ont pas la moindre idée de l'endroit où il mène, libres de lâcher

---

58. Ryôkan : *Ibid.*

prise et de demeurer dans ce qui est là, maintenant. Il m'est arrivé de souhaiter ardemment de devenir un aussi grand fou que Joshu, Ryôkan, Hanshan ou Alan Watts. Mais après avoir suivi pendant quatorze ans l'enseignement du grand maître des fous, je me suis rendu compte qu'il me fallait confectionner moi-même mon propre bonnet de fou et le porter tous les jours pour me vider véritablement, être vraiment ce que je suis, mettre simplement un pied devant l'autre et découvrir le chemin en cours de route. Et seul le tintement joyeux des grelots de mon bonnet me rappellerait de ne pas prendre trop au sérieux ma vision des choses.

« Pas mal – pour un *sans-poils* ! » me dit Bobba, approuvant d'un clin d'œil.

La dernière leçon : les adieux du débutant

Le chien a aimé le monde entier.
C'est un miracle qu'il ait tenu le coup
pendant quatorze ans

RICHARD POWERS [59]

À part pour ses rappels de vaccins, Bobba avait très peu vu le vétérinaire. Une fois, il s'était fait mordre par une chienne avec laquelle il s'était sans doute montré un peu trop pressant. Une autre fois, il s'était fait piercer la babine par un valeureux hérisson et je m'étais bien moqué de lui, car il l'avait bien mérité. J'ignorais que le hérisson pût aussi mordre, mais si on ne lui fiche pas la paix, la plus pacifique des boules de piquants peut aussi se transformer en bête féroce. Le petit animal était accroché si fermement à la face de Bobba que j'ai d'abord pensé qu'il me faudrait aller chercher un coupe-boulon pour le libérer. Mais il a quand même fini par lâcher prise

59. Richard Powers : *Orfeo*, Le Cherche Midi, 2015.

et Bobba s'est caché derrière moi pour échapper à ce monstre sournois.

Je me souviens aussi d'une troisième visite chez le vétérinaire, quand Bobba avait trouvé un bout de saucisse empoisonnée au parc et l'avait, évidemment, avalée sur-le-champ. Peu de temps après, il avait commencé à saigner du nez et de l'anus et comme, à cette époque-là, je n'avais pas de voiture, j'avais dû faire à pied avec lui les deux kilomètres qui nous séparaient du cabinet vétérinaire, Bobba laissant derrière lui une longue trace de gouttes de sang. J'ai vraiment pensé que c'était la fin et, dans un premier temps, le vétérinaire ne m'a pas donné beaucoup d'espoir. On a fait une perfusion à Bobba, puis une piqûre ; il a vomi plusieurs fois dans le cabinet et, comme par miracle, il n'a pas tardé à se remettre, sautant dans tous les sens, comme toujours. Le vétérinaire en resta bouche bée : « Ce chien doit avoir un revêtement interne en acier inoxydable ! » me dit-il.

Qu'il me soit permis au passage de fournir un renseignement à ceux qui se débarrasseraient volontiers de tous les chiens. Ceux qui détestent les chiens au point de se croire obligés de déposer des appâts empoisonnés devraient être attentifs au conseil du sage bouddhiste Shantideva qui écrit avec pertinence dans son traité sur la patience : « On pourrait bien sûr recouvrir de cuir la terre entière pour ne pas se blesser les pieds, mais il suffit de porter des chaussures et de laisser le monde tel qu'il est [60]. »

N'en déplaise à ceux qui détestent les chiens, Bobba a joui, la plus grande partie de sa vie, d'une santé éclatante. Même cet incident avec l'appât empoisonné a été oublié en deux jours, et toute son attention s'est de nouveau tournée vers sa balle et son frisbee.

Mais, comme chez tous les êtres vivants, les premiers signes du vieillissement finirent aussi par apparaître chez Bobba. À l'âge de douze ans, il ralentit et se montra moins fou de jeu. Si, auparavant, il partait souvent seul pour aller « faire la causette » avec d'autres gens quand j'étais en train de lire au parc, il restait désormais couché près de moi et ne partait plus en vadrouille. Sa démarche se fit un peu plus raide et le vétérinaire diagnostiqua une arthrose de la colonne vertébrale (appelée spondylose) et de la hanche. Il prescrivit des médicaments qui semblèrent ne ralentir qu'à peine la progression de la maladie. La spondylose déclencha des douleurs nerveuses, si bien

60. Cette parabole est extraite des excellentes archives suivantes : http://www.berzinarchives.com/web/de/archives/e-books/published_ books/gelug_kagyu_mahamudra/pt1/mm_01.html.

qu'en dépit des antalgiques Bobba se ménagea de plus en plus. Son museau devint de plus en plus blanc, sa silhouette devint celle d'un vieillard décrépit et il se prépara à me donner une dernière leçon sur l'impermanence.

Il se mit tout à coup à ne plus bien manger, ce qui m'a beaucoup inquiété. Le vétérinaire a diagnostiqué une tumeur de la rate présentant déjà, comme c'est souvent le cas chez le chien, de nombreuses métastases. Il n'était plus question d'opérer et le temps restant a été estimé à trois ou quatre mois.

J'ai ramené Bobba à la maison ; il a continué à prendre ses antalgiques, à méditer avec moi, à faire ses promenades à petits pas, et m'a laissé six mois pour observer avec minutie sa douce disparition de ce monde. Alors qu'il m'avait toujours entraîné, jouissant de plus d'énergie que tout mon cercle d'amis réuni, il me fallut le convaincre de sortir.

Et puis, un jour, il ne s'est plus levé du tout. Couché sur sa couverture, il s'est contenté de me regarder, désemparé, quand je l'ai appelé en faisant tinter sa laisse. Seuls ses sourcils gardaient leur mobilité d'avant. Je crois que c'est le jour que j'ai le plus redouté et dont j'ai le plus repoussé l'inexorable arrivée. Le vétérinaire m'avait préparé et laissé entendre que les chiens domestiques comme Bobba ne meurent pas tout seuls. Alors que les chiens sauvages mouraient simplement de faim quand ils ne pouvaient plus chasser ou chercher de quoi manger autrement, nos chiens domestiques dépérissaient tout en continuant à recevoir de la nourriture, leurs derniers jours étant de plus en plus longs et pénibles. Lorsqu'ils ne pouvaient plus bouger du tout, c'était donc à nous qu'il revenait de faire quelque chose et de les laisser partir dans la dignité. D'un point de vue rationnel, je savais tout cela, mais la situation ne m'en fit pas moins l'effet d'un étrange mauvais rêve.

Je me suis couché auprès de Bobba. Je l'ai caressé tout en l'imaginant me murmurer : « Fais quelque chose ! N'importe quoi ! » Je me suis rendu compte à quel point, intérieurement, cette responsabilité me révoltait, même si je ne pouvais y échapper. J'ai encore essayé, à plusieurs reprises, de l'inciter à se lever, avant de me rendre à l'évidence : le jour de la grande mutation était venu. J'ai téléphoné au vétérinaire, en quête d'une autre issue, mais il m'a suggéré, quand j'y serais prêt, de passer pour libérer définitivement Bobba de ses souffrances. Il a décrit cet acte comme le dernier et plus triste devoir d'un maître qui aime son chien, et je savais qu'il avait raison.

J'ai donné à Bobba une dernière friandise spéciale, je l'ai caressé longuement, lui ai parlé, raconté tout un tas de choses, demandé s'il se souvenait de tel ou tel épisode. Quatorze ans durant, il avait été mon meilleur ami : il avait partagé mes ruptures et mes déménagements, été là quand j'étais retombé amoureux, quand j'avais interrompu mes études en grande partie grâce à ses leçons de vie ; il avait fait la connaissance de ma sœur aînée et n'avait cessé de m'accompagner. On ne nous connaissait pas l'un sans l'autre. Mes amis étaient aussi les siens et ses copains chiens avaient aussi pris leur place dans mon cœur. J'ai parlé, parlé, et il me regardait et me comprenait bien au-delà des mots. Je lui ai posé une multitude de questions : sur son arrivée chez moi, la merde de mouton, son frisbee, mon fauteuil vert, la poubelle bio, nos méditations communes et les heures passées au parc, à lire, à renifler, à être attentifs. Puis il a fini par ne plus rien me venir à l'esprit ; je l'ai enveloppé dans sa couverture et porté avec précaution jusqu'à la voiture pour rejoindre le cabinet vétérinaire. Il est resté tranquillement couché ; sa respiration était douce. Il semblait savoir ou pressentir que l'heure était venue.

Au cabinet, ils avaient l'habitude des gens aux yeux bouffis, portant dans leurs bras un paquet de couvertures.

Malgré la routine, on fit preuve d'attention et de sensibilité à notre égard. Le vétérinaire examina encore une fois Bobba consciencieusement, avant de confirmer l'avis exprimé au téléphone : il était temps de se dire adieu. Mais comment faire mes adieux à un être qui – c'était mon sentiment – avait toujours été là ? Je n'arrivais pas à m'imaginer que, dans une poignée de minutes, tout serait fini et qu'il ne serait plus là.

Puis tout s'enchaîna naturellement. Je ne fus que témoin. Je m'agenouillai, abattu, à côté de mon chien, posai une main sur sa tête, l'autre sur son dos ; je vis le vétérinaire lui raser un petit endroit sur la patte avant pour mieux accéder à la veine ; je vis la piqûre de sédatif ; Bobba battit des paupières, sa tête s'abaissa et j'entendis son souffle, de plus en plus ténu.

Je dis quelque chose comme « Bon voyage, je ne t'oublierai jamais ». Et puis ce fut la seconde piqûre et son souffle fut moins perceptible encore. La porte se ferma derrière nous : il n'y eut plus que nous deux. Sans bruit, les larmes coulèrent sur mes joues, la morve sur mon menton. Le vétérinaire finit par venir effleurer mon épaule : « Il est déjà parti », dit-il.

Et c'était vrai. Il ne restait plus devant moi qu'une enveloppe vide de poils, de muscles, d'articulations déformées par l'arthrose, d'os, de tumeurs et de métastases pour lesquels aussi, faute désormais d'hôte, la dernière heure avait sonné. Bobba, lui, était déjà loin. Il avait quitté ce monde et tout ce qu'il contient, moi compris, avec une facilité dont seul un maître voyageur est capable. Il me vint à l'esprit un poème de Ryôkan, comme un parfum de consolation venu d'on ne sait où :

Quand on me demande
où j'habite,
je réponds :
« À la lisière orientale de la Voie lactée. »
Pareil à un nuage qui passe
et que rien n'attache,
je m'abandonne simplement
aux caprices du vent [61].

J'enveloppai à nouveau Bobba dans sa couverture ; je pris dans mes bras son corps sans vie pour le porter jusqu'à la voiture. Il n'était pas question pour moi de le laisser au cabinet vétérinaire et à l'entreprise d'équarrissage. L'un de mes amis possédait un immense terrain à

61. Ryokan : *Dewdrops on a Lotus Leaf.*

l'extérieur de la ville, où je pus mettre en terre Bobba. Un autre ami m'accompagna et m'aida à creuser un grand trou. Je crois qu'il était plus claqué que moi. Les larmes ne sortaient plus ; je soulevais mes pelletées sans dire un mot. Il était bon de rendre moi-même ce dernier service à mon ami.

Nous l'avons déposé avec sa couverture et son frisbee dans la fosse. J'ai voulu dire quelque chose, mais rien ne m'est venu. Mon ami avait écrit une petite lettre qu'il déposa, à l'abri dans une petite boîte en plastique jaune (de celles qui renferment les surprises des œufs en chocolat), à côté de Bobba. Il parla du jour où nous avions fait une longue randonnée tous les trois et où Bobba avait bu dans ses mains l'eau recueillie à une fontaine. L'image me revint immédiatement et je ne pus m'empêcher de sourire en me rappelant à quel point mon ami en avait été touché. Il en reparlait toujours régulièrement depuis. Pour lui, c'était l'image par excellence de la confiance et de l'affection – et je crois qu'elle l'est restée.

Nous avons repris nos pelles pour combler la fosse, remis en place les plaques d'herbe décollées plus tôt, puis reculé de quelques pas. On aurait presque dit que rien ne s'était passé. Bobba était né d'une multitude de fils de vie tissés ensemble pour donner un chien extraordinaire qui avait vécu en altruiste distrait, avait joué, aimé, offert son affection sans compter, avant de devenir autre chose sans laisser la moindre trace en ce monde. Bien sûr, je portais en moi l'empreinte de ses pattes, quelque part sur le *Walk of Fame* de mon cœur, là où peu avaient accès, mais dans le monde visible, il ne laissa rien.

Comme les fameux nuages, toujours très présents dans le zen, il était passé, sans but ni plan, puis s'était dissous.

Devant moi s'étendait un bout de terre accueillant quelques buissons, quelques arbres, quelques pierres. Des mésanges filaient alentour, un bruant jaune se posa sur une branche. À mes côtés se tenait un ami qui regrettait un chien ; un peu à l'écart attendait la voiture dont les coussins portaient encore l'odeur d'un être qui n'était plus. Le soleil brillait ; ce monde comptait un maître zen de moins, mais cela ne l'assombrissait pas. Le vent se faufilait entre les brins d'herbe qui continuaient à pousser.

Bassui Tokusha, qui vécut de 1327 à 1387 et atteignit l'illumination en écoutant couler un ruisseau, récita juste avant sa mort le poème suivant :

Regarde juste devant toi. Qu'y a-t-il là ?
Si tu le vois tel que c'est
Tu ne te tromperas jamais [62].

Bobba se serait exprimé autrement. Peut-être aurait-il lancé sa balle dans mon bol de müesli ou serait-il juste resté assis à mes côtés en haut d'une colline, laissant flotter d'aise ses oreilles brunes dans le vent. Mais ce qu'a dit Bassui n'était pas mal non plus et je ne veux pas faire la fine bouche. Difficile pour un homme de faire meilleur résumé ; seul le *Sermon de la Fleur* [63] du Bouddha serait peut-être un cran au-dessus…

Je regardai autour de moi ce monde aux miracles incessants et sus que j'avais eu le meilleur maître que l'on pût souhaiter.

---

62. Yoel Hoffmann : *Japanese Death Poems.*

63. *Le Sermon de la Fleur* du Bouddha est un événement auquel se réfèrent beaucoup de maîtres zen. Lors de cet exposé public, le Bouddha ne dit pas un mot et se contenta de lever une fleur. Personne ne savait trop quelle signification donner à ce geste, mais le moine Mahakasyapa comprit et se mit à sourire. La leçon fut donnée en silence du maître au disciple (NDA).

En guise de conclusion

Je me demande s'il existe un proverbe chinois à propos du fait suivant : il est impossible de distinguer le chien du sage.

RAYMOND SMULLYAN

Vivre avec un chien amène à s'interroger sur sa propre générosité, sa propre gentillesse, sa propre ouverture d'esprit. Jouer avec lui implique de lancer la balle et de se rouler dans l'herbe sans retenue. Partager son quotidien suppose de se perdre soi-même pour devenir l'instant, le frisbee en vol, l'herbe et le soleil. Je suis prêt à parier que le maître zen Dôgen (1200-1253), fondateur de la lignée Soto, venait de rentrer du parc en compagnie de son akita inu, épuisé et ravi, lorsqu'il écrivit ces vers célèbres :

Étudier le bouddhisme veut dire
t'étudier toi-même.
T'étudier toi-même veut dire
t'oublier toi-même.

T'oublier toi-même veut dire
être éveillé par toute chose [64].

En ce qui me concerne, c'est un chien qui m'a montré la vitalité de la voie bouddhiste et m'a préparé à me laisser éveiller par toute chose. Au fil des années durant lesquelles j'ai eu le bonheur de pouvoir me qualifier comme son meilleur ami, il m'a montré en quoi consiste s'oublier soi-même, puis oublier la voie pour se contenter d'être. J'ai beaucoup ri à ses côtés, il m'a beaucoup surpris – jusqu'à démonter pierre après pierre le mur derrière lequel mon cœur s'était caché, pour que je sois enfin capable de sentir la réalité du monde au lieu de le réduire à un objet de lecture ou de réflexion. Il est possible d'étudier le bouddhisme d'une tout autre manière que celle proposée par Maître Dôgen. On peut apprendre par cœur les cinq *sila*, étudier les *quatre nobles vérités*, *l'octuple sentier, les sept facteurs de l'Éveil, les douze maillons de la coproduction conditionnée, les six perfections, les trois joyaux, les trois corps* du Bouddha, *les trois sceaux* du Dharma, *les sept points de l'entraînement de l'esprit* selon Atisha, *les cinq familles* de Bouddha, *les trente-sept*

64. Maître Dôgen : *Le Shôbôgenzô,* Sully, 2014.

pratiques des bodhisattvas et j'en passe, avec l'impression de se retrouver sur les bancs de l'école, à un cours de maths ou dans un séminaire pour comptables spirituels. On peut tout apprendre, accumuler du savoir, mais avec quel modeste résultat si nous oublions de faire un pas de côté, de réduire le tout à son essence pour la vivre vraiment ?

Comprenons-nous bien : se pencher sur sa tradition spirituelle d'un point de vue théorique et étudier par le menu les textes correspondants est, à mon avis, une bonne chose. Je suis le premier à m'écrier « Présent ! » devant la richesse de l'offre et à essayer de tout retenir. Cela m'arrive toujours, même si je devrais désormais m'être assagi… Après tout, cela fait partie de ma nature et le tao y exprime son côté *nerd* intello.

Mais mon maître à moi ne s'intéressait pas au moindre texte ; il se moquait des concepts et le mot « tradition » évoquait plutôt pour lui une pâte farcie à la viande hachée. Sa merveilleuse simplicité m'a secoué et n'a cessé de me surprendre.

Je travaille toujours la méditation, avec la simplicité du meilleur chien du monde. Parfois, avec succès. Alors je sens qu'il n'est pas resté grand-chose en moi de ce que l'on entend généralement par zen. Si ce n'est le fait de rester assis sous la véranda, à contempler l'étendue du paysage, dans un silence tellement vivant qu'il pose une patte sur mon épaule et me demande : « Dis, te souviens-tu du parfait lancer de balle qui couine ? »

Je me souris tandis que le soleil se couche lentement et que Ryokan saisit une dernière fois son pinceau pour tracer l'essentiel à l'encre de Chine :

Le vent s'est calmé,
Les fleurs sont tombées ;
Des oiseaux chantent,
Les montagnes s'assombrissent :
c'est cela
la mystérieuse force du bouddhisme [65].

65. Ryôkan, op. cit..

ANNEXES

Comment méditer ?

Peut-être ce livre vous a-t-il donné l'idée de vous essayer à la méditation ? Ne dit-on pas qu'un gramme de pratique a plus de valeur que plusieurs tonnes de savoir livresque ? Peut-être observez-vous depuis longtemps votre chien quand il reste couché au parc, à l'ombre d'un banc, reposant entièrement en lui-même, et vous dites-vous : « Je peux en faire autant ! Pas sûr… »

Pour tous ceux qui souhaitent faire leurs premiers pas en méditation, j'ai rassemblé ici quelques propositions qui, je l'espère, seront utiles et pourront éventuellement donner un nouvel élan à ceux qui méditent déjà depuis des années, mais sont toujours prêts à prendre un nouveau départ. Pour moi, *l'esprit du débutant* tant loué par Shunryu Suzuki dans son livre éponyme est l'incarnation de la méditation : être disposé à vivre chaque instant comme neuf, à voir ce qui est *en cet instant* et à laisser derrière soi la routine et les constructions mentales rebattues. Même si notre souffle s'harmonise dans la méditation, il n'est jamais le même, car il nous remplit en des moments différents, parce que nous le ressentons différemment dans notre corps ou encore le percevons l'esprit tantôt tourmenté, tantôt calme.

Tandis que nous respirons, seul demeure le changement. Comme le monde qui nous entoure, nous nous transformons d'un instant à l'autre. Chaque instant est donc nouveau, tout comme chaque souffle.

Et comme le souffle nous accompagne toujours (si ce n'est plus le cas, inutile de se préoccuper de méditation !), c'est le support idéal, sur lequel nous pouvons nous appuyer toute la vie durant.

Le zen classique accorde une importance majeure à la posture. Il existe des consignes précises en ce qui concerne la position des jambes, la manière de tenir ses mains, l'inclinaison de la tête, la fermeture ou l'ouverture des yeux et même la position de la langue contre le palais (ce dernier point posant quelques problèmes à Bobba). J'ai, pour ma part, un faible pour la simplicité et je vous conseille donc de choisir une position assise que vous trouverez confortable et qui vous permettra de rester droit vingt à trente minutes. Vous pouvez bien sûr demeurer en lotus si vous restez facilement dans cette position. Mais si c'est une torture qui vous empêche de méditer, oubliez ces contorsions et asseyez-vous comme vous le pouvez. Il n'y a aucune différence entre un *zafu*, un banc de méditation et une banale chaise de cuisine. Le Bouddha méditait sur un coussin d'herbe lorsqu'il s'éveilla et je suis certain qu'il ne s'était pas ruiné chez un marchand de fournitures dédiées à la méditation.

Ce qui importe, c'est que vous soyez assis le plus droit possible pour que les organes internes ne soient pas écrasés et que vous puissiez respirer librement. Il est utile que les genoux se situent à un niveau inférieur à celui des hanches. Le bassin bascule ainsi légèrement vers l'avant et il vous sera plus facile de rester assis. Le plus pratique selon moi est d'utiliser un banc de méditation, mais une chaise fait aussi l'affaire si l'assise est à la bonne hauteur ou si vous la relevez à l'aide d'une couverture repliée ou de quelque chose de similaire.

Restez assis de préférence sans vous adosser, car le fait de prendre appui induit plutôt une forme de détente et il ne serait plus question de méditation, mais de sieste. Tenez votre dos le plus droit possible, mais laissez la colonne vertébrale suivre sa courbure naturelle. Et n'oubliez pas : vous n'êtes pas un soldat de plomb, mais un être humain !

Vous pouvez poser vos mains dans votre giron ou bien poser vos paumes sur vos cuisses ou vos genoux. Détendez vos épaules et votre nuque. Vous pouvez soit fermer les yeux, soit les garder ouverts (si vous avez tendance à vous assoupir dès que vos paupières s'abaissent) et diriger votre regard sur un point situé à un ou deux mètres devant vous sur le sol.

Commencez par respirer profondément à plusieurs reprises, tout doucement et en conscience. Appréciez votre souffle et le temps disponible pour respirer.

Diriger quelques instants votre attention sur votre corps vous aidera peut-être : sentir votre paroi abdominale se lever et s'abaisser, percevoir la pression de la terre ou du coussin sur lequel vous êtes assis, vos vêtements sur votre corps, vos mains, vos pieds. Ressentir ce qui se passe à l'intérieur de votre corps peut vous permettre de vous assurer que vous êtes bien *ici* et *maintenant.*

Laissez ensuite votre respiration aller et venir comme elle se présente. Suivez-la sans chercher à la modifier. Qu'elle soit profonde ou superficielle, calme ou rapide est sans importance à ce stade. Ce qui importe, c'est juste d'en prendre conscience, ni plus, ni moins. Observez la sensation qui monte en vous quand le souffle passe dans votre nez, votre gorge, votre poitrine et votre ventre. Sentez-le ressortir de votre corps. Prenez conscience des courtes pauses entre les expirations et les inspirations.

Laissez simplement votre esprit reposer sur votre souffle. Votre attention se pose sans peine sur le mouvement naturel de votre respiration. Cette respiration se fait toute seule, donc sans effort.

Des distractions vont sans doute survenir, sous la forme de quelque chose qui va attirer votre attention et vous faire oublier votre respiration.

Peut-être entendrez-vous un oiseau chanter dehors, à la fenêtre ? Peut-être votre chauffage va-t-il se mettre à faire de drôles de bruits ou votre voisin va-t-il se découvrir une passion pour AC/DC ? Ce ne sont là que des bruits, que des sons. Ils retentissent, puis disparaissent. Comme des nuages dans un ciel tout bleu, ils apparaissent avant de se dissoudre. Il arrivera aussi que surviennent des pensées, confuses ou banales : éventuellement quelque chose à faire ou qui vous a déjà occupé toute la journée. Considérez aussi ces pensées comme de pures formes produites par votre mental en cet instant, sans grande différence avec les bruits extérieurs. Elles aussi arrivent, puis repartent toutes seules. Inutile de vous identifier à elles. Elles ne font que passer. Observez-les et laissez-les repartir. Les sensations, comme un chatouillement à l'oreille gauche ou une démangeaison au bout du nez, disparaissent toutes seules elles aussi.

À chaque fois qu'un bruit, une pensée ou une sensation vous distrait et semble réclamer votre attention, ramenez tout doucement votre esprit à votre respiration. Inutile de vous agacer à propos de votre inattention ou de vous convaincre de mieux vous concentrer à l'avenir. Ce ne sont là que de nouvelles pensées, de nouvelles distractions. Souriez à votre mental comme vous le feriez face à un chiot qui vient de casser en mille morceaux votre vase Ming – que vous aviez de toute façon toujours trouvé hideux – et revenez à votre respiration.

Revenez toujours, instant après instant, tout doucement à votre respiration.

Rien ne dérange, tout est là, sans plus. Et ce moment est tel qu'il est.

Oubliez toute attente liée à ce moment et à la méditation. Ne restez pas fixé sur un quelconque « profit » à obtenir en méditant. En vous calmant, votre tension baisse et vous apprenez à mieux gérer le stress, mais ce ne sont là que des effets secondaires de la méditation et non le but.

N'attendez pas non plus de révélation mystique ou de feu d'artifice de bonne humeur. Laissez tout ce qui est être comme il est et redécouvrez à chaque souffle le moment présent tel qu'il se révèle, incomparable. Il n'y a rien d'autre à faire que d'être là, *ici* et *maintenant*.

L'esprit repose dans l'instant et vous êtes tellement conscient de lui et de la plénitude de tout ce qu'il vous est possible de percevoir *en cet instant* que vous disparaissez en tant que *moi qui perçoit*, comme une pensée ou un nuage qui passe.

Ne subsistent que le silence, la simplicité, l'Être, le *mushotoku*.

Reposez dans ce silence, dans ce non-agir, dans cette présence de l'instant.

Ne vous inquiétez pas si cet état de calme ne s'installe pas à chaque séance de méditation. La méditation n'est pas une oasis de bien-être instantané, mais une voie à pratiquer toute la vie, qui comprend autant de phases d'ennui ou de distraction apparemment incessante que de moments empreints de calme et d'absence d'intention, où vous coulerez en harmonie avec le tao. Si votre esprit est distrait, alors l'instant présent se révèle simplement en tant qu'état de distraction. Dès lors que vous êtes capable de vous en rendre compte et de revenir doucement à votre souffle sans vous perdre entièrement dans cette distraction ni vous laisser absorber par le mental, cette distraction devient une part de votre pratique spirituelle. Et si vous revenez deux cent cinquante-trois fois à votre souffle durant une séance de méditation, alors vous pratiquez deux cent cinquante-trois fois la véritable attention.

Tâchez de prendre le temps de vous exercer régulièrement à la méditation. Il est préférable de méditer tous les jours dix minutes, plutôt qu'une heure une fois par mois. Vous pouvez, tout à votre goût, méditer le matin, le soir, ou donner un cadre à votre journée en y incluant deux phases de méditation. À vous de voir comment intégrer cette méditation à votre journée et ce qui vous fait du bien. La balle est dans votre camp. Et je le répète : ne méditez pas pour atteindre un but, pour devenir meilleur ou une super-version illuminée de vous-même. Méditez parce que la perception de l'instant et de votre propre esprit vous met en joie. Souriez-vous. C'est amplement suffisant !

Et si, un après-midi, assis au parc avec votre ami à quatre pattes, vos narines à tous deux frémissant au souffle du vent tandis que les insectes volettent en bourdonnant entre les rayons du soleil, vous vous surprenez à contempler les yeux mi-clos l'herbe pousser, alors vous vous apercevrez que le temps passé sur votre coussin de méditation vous a préparé à cet *ici* et *maintenant*-là.

GLOSSAIRE

Anatta : absence de noyau caractéristique fixe dont la composition émane de lui-même. Le bouddhisme part du principe que toute création est conditionnée, est une suite de causes enchevêtrées, et que tout finit par passer, que les composants se dissolvent pour se réorganiser ou devenir la cause d'autre chose.

Bhikkhu : qualifie un moine bouddhiste, en particulier dans le Theravada, c'est-à-dire dans la tradition Hinayana. *Bhikkhu* signifie littéralement « qui mendie pour une aumône ».

Bodhisattva : disciple du dharma qui a atteint l'illumination, mais renonce à entrer au nirvana et fait la promesse solennelle d'aider auparavant tous les êtres à se libérer. Un bodhisattva se distingue par sa grande sagesse et sa profonde compassion – souvent aussi par un goût prononcé pour les os à mâcher et les frisbees.

Bouddha : littéralement « l'éveillé », celui qui a reconnu la nature de son propre esprit. Titre honorifique donné à la figure historique de Siddhartha Gautama (voir ce nom), le fondateur du bouddhisme.

Chan : voir zen.

Chien : espèce pleinement illuminée de la famille des canidés, qui s'est donné pour mission de faire connaître le dharma à l'humanité. Existe sous une multitude de variétés, de couleurs et de formes. Attention : on reconnaît un vrai chien à une taille au garrot supérieure à quarante centimètres. Les autres sont des cochons d'Inde déguisés.

Dhammapada : recueil de paroles du Bouddha utilisé en particulier dans les traditions d'Asie du Sud-est, mais dont la valeur est aussi reconnue dans le zen.

Dharma : désigne la vérité, l'essence des choses, mais aussi des directives et des commandements éthiques ou religieux. Dans le bouddhisme, le concept de dharma recouvre la doctrine du Bouddha.

Hînayâna, Mahâyâna et ***Vajrayâna*** : les trois « véhicules » ou tendances principales du bouddhisme. **L'Hînayâna** est le *petit* (et le plus ancien) véhicule ; se référant aux Écritures palies, il est principalement originaire d'Asie du Sud-est. **Le Mahâyâna** est le *grand véhicule* ; il inclut dans son enseignement les Écritures sanskrites. Les traditions chan et zen, dites du Nord, en font partie. **Le Vajrayâna** est le *véhicule de diamant* ; il appartient au Mahâyâna. Cette désignation concerne le bouddhisme tibétain qui inclut certains éléments du tantra. Une répartition en Hînayâna et Mahâyâna serait bien suffisante, mais « diamant » sonne encore mieux que « grand ». La différence principale réside dans le fait que l'Hinayana tourne autour de la libération individuelle, tandis que le Mahâyâna s'efforce de libérer tous les êtres, raison pour laquelle on y trouve l'idéal du bodhisattva.

Hokkai-join : position traditionnelle des mains en zazen, aussi appelée « sceau du zen » ou « mudra cosmique ». Les mains sont posées l'une sur l'autre dans le giron, les paumes vers le ciel, et les pouces se touchent légèrement en leurs extrémités.

Kenshô : expérience de l'Éveil à sa propre nature de Bouddha, immersion dans l'essence du monde. Voir aussi *satori.*

Kôan : anecdote ou question souvent incompréhensible qui, dans le zen de tradition Rinzai, apparaît au disciple comme une énigme s'introduisant dans sa structure mentale pour la briser et lui permettre d'entrer en contact avec la pure clarté de l'esprit. En voici deux célèbres : « Quel bruit fait une seule main qui applaudit ? » et « Le chien a-t-il la nature de Bouddha ? » Je passe sur l'impertinence de cette dernière question…

Lama : concept tibétain désignant un maître bouddhiste.

Lignée zen Rinzai : voir zen.

Lignée zen Sôtô : voir zen.

Mahâyâna : voir *Hînayâna, Mahâyâna et Vajrayâna*.

Mala : chaîne de prière composée de cent huit perles, principalement utilisée dans le bouddhisme et l'hindouisme, qu'on laisse filer entre les doigts tout en énonçant un mantra à chaque perle.

Méditation : consiste à rester assis sans rien faire. Plus difficile qu'on ne le croit ! Une variante est la méditation marchée qui, elle, consiste à marcher sans rien faire d'autre. Immersion complète dans l'instant présent, le mental cessant de réfléchir.

Mushotoku : concept japonais signifiant « absence d'intention ». Attire l'attention sur le fait que, dans le zen, il n'y a rien à atteindre, il n'y a pas de but. On reste assis en silence sans aspirer à l'illumination ou à quelque autre représentation similaire émanant du mental. On demeure dans l'instant présent, dans lequel tout est parfait et rien ne doit être autrement.

Nature de Bouddha : clarté de l'esprit inhérente à chaque être.

Octuple sentier : voie qui, selon les enseignements bouddhistes, conduit hors de la souffrance. Elle comprend la vision juste, la pensée juste, l'attention juste, la parole juste, l'action juste, l'effort juste, la concentration juste et le moyen d'existence juste, juste s'entendant comme approprié ou bienfaisant.

Quatre nobles vérités : enseignements fondamentaux du bouddhisme dont la traduction diffère en fonction de la tradition. Elles sont souvent formulées de telle sorte qu'elles semblent refléter une vision du monde plutôt négative. Par exemple :

– La vie est souffrance.

– La cause de la souffrance est le désir.

– Cesser de désirer, c'est cesser de souffrir.

– La voie conduisant à la fin de la souffrance est le noble sentier octuple (voir ce mot).

Il conviendrait, à mon avis, de formuler ces enseignements avec plus de circonspection et de s'abstenir de les qualifier de « nobles », ce qui peut donner l'impression qu'ils sont la vérité ultime, formule que le Bouddha n'aurait jamais utilisée :

– Il y a des moments dans la vie, qui nous semblent douloureux.

– La cause de ce ressenti douloureux est notre

mental troublé, tournant sans arrêt sur lui-même.

– Si le mental se calme et que le trouble prend fin, alors la souffrance disparaît.

– La voie qui mène à la fin du trouble et de la souffrance est une existence équilibrée, entre action et contemplation, visant tant notre bien que celui d'autrui.

Stephen Batchelor est d'avis que le Bouddha n'enseignait fondamentalement qu'une seule chose, à savoir « la peur et la fin de la peur [66] ». C'est là une autre manière de résumer ces enseignements fondamentaux.

Retraite : concept courant désignant une période de méditation et d'apprentissage intensifs, au cours de laquelle on se retire. Il existe des retraites de différentes longueurs : de la retraite de week-end en passant par des recueillements de plusieurs semaines, jusqu'aux formes extrêmes du bouddhisme tibétain qui durent trois ans, trois mois et trois jours.

Rinpoché : titre honorifique donné à un lama tibétain.

Roshi : titre de respect réservé à un enseignant expérimenté en matière de zen. La plupart des *roshis* ont quatre pattes, un pelage abondant et un solide appétit.

---

66. Stephen Batchelor : *Le Bouddhisme libéré des croyances.*

Sâdhu : « saint homme » dans l'hindouisme, qui s'est retiré du monde et pratique, la plupart du temps, l'ascèse. Celle-ci peut prendre des formes extrêmes : rester sept ans sur une jambe ou passer vingt ans en lotus, dans l'espoir de vivre des révélations mystiques et de venir à bout du cycle des renaissances. De nombreux *sâdhus* considèrent la consommation excessive de haschich comme une « obligation religieuse ».

Samâdhi : état caractérisé par l'absence d'intention et la capacité à dépasser la vision dualiste du monde. Le méditant devient un avec l'objet de la méditation, c'est-à-dire qu'observateur et chose observée se fondent dans l'attitude méditative propre à calmer le mental. À observer : quand on met sous le nez d'un chien une saucisse de Strasbourg, il n'y a plus de séparation entre l'esprit du chien et la saucisse ; les deux fusionnent.

Satori : concept proche du *kenshô* (voir ce mot), éveil à la réalité de l'instant présent, complète dissolution de l'individu dans la grande rivière de l'Être.

Sesshin : pour ainsi dire marathon du zazen (voir ce mot). Une *sesshin* est une session de méditation intensive au cours de laquelle le déroulement de la journée est strict et orienté sur la pratique du zazen. La méditation assise alterne avec la méditation marchée et même les repas sont pris en silence, dans un état d'esprit méditatif.

Shika : moine qui prend soin des hôtes dans un monastère zen.

Siddhârtha Gautama : nom du bouddha (voir ce mot) historique dans le civil. Il vécut environ de 560 à 480 avant Jésus-Christ. Il grandit dans un contexte aisé et protégé et finit par quitter sa région d'origine dans le but de venir à bout de la souffrance qu'il avait découverte partout. Il se joint à des sadhus dont il pratiqua l'ascèse et faillit mourir de faim, avant d'emprunter une voie plus équilibrée. Il finit par s'éveiller en reconnaissant les choses telles qu'elles sont. Il voyagea ensuite pendant plus de quarante ans et enseigna le dharma.

Sûtra : textes essentiels du bouddhisme. La plupart sont des discours du bouddha historique, mais il y en a d'autres.

Swami : titre honorifique donné à un maître hindouiste, mais utilisé aussi pour désigner d'autres personnes supposées d'un rang supérieur (capitalisant, par exemple, sur une simple longue barbe blanche et un goût prononcé pour les vêtements bizarres).

Taoïsme : philosophie née en Chine durant le IVe siècle avant J.-C., qui vise à laisser reposer dans le tao, à conduire l'homme en son véritable centre. Le tao est un concept presque impossible à traduire qui signifie à peu près « sens » ou « voie ». La voie dont il est question consiste pour chacun à accepter l'instant présent, le changement et son propre épanouissement conformément à la nature.

Tulkou : maître tibétain qui renaît en conscience et est reconnu comme réincarnation.

Vajrayâna : voir *Hînayâna, Mahâyâna* et *Vajrayâna*.

Wu wei : concept chinois issu du taoïsme correspondant au non-agir, à une attitude qui ne s'oppose pas à l'épanouissement naturel du tao. Il ne s'agit en aucun cas d'inaction, mais de la capacité de s'abandonner au flux de la vie. Quand un chien s'endort simplement parce qu'il est fatigué ou court en tous sens en aboyant parce qu'il est content, il pratique le *wu wei*. Il est naturellement lui-même, sans se forcer ni chercher à atteindre un but situé hors de lui.

Zazen : qualifie la méditation assise dans le bouddhisme zen.

Zen : forme du bouddhisme Mahâyâna née dans la Chine du Ve siècle après J.-C., qui maria des idées bouddhistes et taoïstes, puis gagna le Japon à partir du XIIe siècle où il prit le nom de zen dont l'origine est le mot sanskrit *dhyâna* qui signifie à peu de chose près « méditation ». *Dhyâna* prit la forme de chan en chinois, puis de zen en japonais. On distingue deux tendances principales dans le zen japonais : le Sôtô et le Rinzai. Du point de vue d'un maître à quatre pattes illuminé, les différences sont marginales : les disciples de la tradition Sôtô méditent le visage tourné vers le centre de la pièce, tandis que ceux de la tradition Rinzai fixent le mur. Alors que la lignée Sôtô se concentre sur l'assise, la lignée Rinzai a « en réserve » le *kôan,* en plus de la méditation assise et marchée.

Zendo : salle ou pièce, édifice particulier dans un monastère, où l'on pratique le zazen (voir ce mot). Celui qui tient à la tradition y trouvera un lieu où méditer. Pour tous les autres, une place à l'ombre sur un banc (ou en dessous, au choix…) fera l'affaire.

CONSEILS DE LECTURE

Sur les chiens

– Rick Bass : *Colter,* Christian Bourgois, 2001.

– Gerelchimeg Blackcrane : *Black Flame,* Groundwood Books, 2013.

– John Bradshaw : *In Defence of Dogs*, Penguin, 2012.

– Patricia B. McConnell : *The Other End of the Leash, Why We Do What We Do Around Dogs*, Ballantine Books, 2002.

Sur le bouddhisme

– Stephen Batchelor : *Le Bouddhisme libéré des croyances*, Bayard, 2004 ; *Itinéraire d'un bouddhiste athée*, Seuil, 2012.

– Chatral Rinpoché : *Compassionate Action*, Snow Lion, 2007.

– Mark Coleman : *Awake in the Wild, Mindfulness in Nature As a Path of Self-discovery*, New World Library, 2006.

– Taisen Deshimaru : *Questions à un maître zen*, Albin Michel, 2008.

– Thich Nhat Hanh : *Le cœur des enseignements du Bouddha,* Pocket, 2003 ; *La Vision profonde, de la pleine conscience à la contemplation intérieure*, Albin Michel, 1995.

– Yoel Hoffmann : *Japanese Death Poems*, Tuttle Pu-

blishing, 1998.
– Taizen Maezumi : *Appreciate Your Life, The Essence of Zen Practice*, Shambhala, 2002.
– Gudo Nishijima : *To Meet the Real Dragon*, Dogen Sangha Publications, 2009.
– Maître Ryôkan : *One Robe, One Bowl, The Zen Poetry of Ryôkan*, Weatherhill, 2006 ; *La Rosée du lotus,* Shambhala, 2004.
– Jason Siff : *Unlearning Meditation, What to Do When the Instructions Get In the Way,* Shambhala, 2010.
– Shunryu Suzuki : *Esprit zen, esprit neuf*, « Points Sagesse », Seuil, 2014 ; *Not Always So, Practicing the True Spirit of Zen*, HarperOne, 2009.
– Robert Thurman : *La révolution intérieure, la recherche du véritable bonheur,* Guy Trédaniel, 2013.
– Chögyam Trungpa : *Shambhala, la voie sacrée du guerrier*, Points Sagesses, 2014.
– Brad Warner : *Hardcore Zen*, Wisdom Publications, 1994.
– Alan Watts : *Still the Mind, An Introduction to Meditation*, New World Library, 2002 ; *L'Esprit du Zen,* Points Sagesses, 2005.
– Hsu Yun/Jy Din Shakya (éditeur) : *Empty Cloud, The Autobiography of the Chinese Zen Master Xu Yun,* Element Books, 1988.

– Dôgen Zenji : *Le Shôbôgenzô de maître Dôgen, La vraie Loi, Trésor de l'Œil*, Sully, 2014.

Taoïsme

– Thomas Cleary (éditeur) : *Further Teachings of Lao-Tzu*, Shambhala, 1992
– Dirk Grosser : *Das Tao des Drachen. Furchtlos unser wahres Selbst leben*, Schirner Verlag, 2014.
– Benjamin Hoff : *Le Tao de Pooh,* Philippe Picquier, 2004.
Lao-tseu : *Tao Te King* (traduit par Stephen Mitchell), Synchronique, 2012.
– Thomas Merton : *The Way of Chuang Tzu,* Shambhala, 2004.
– Raymond Smullyan : *The Tao is silent*, HarperOne, 1977.
– Alan Watts : *Éloge de l'insécurité*, Payot, 2003 ; *Tao : The Watercourse Way*, Pantheon, 1977.

Spiritualité au-delà des traditions

– Peter Fenner : *L'Esprit lumineux, Voie sans effort et présence non duelle*, Almora, 2010.
– Dirk Grosser : *Selbst ein Anfang sein. Eine mystische Kosmologie der Möglichkeiten*, Arun, 2008.
– Jiddu Krishnamurti : *Se libérer du connu*, Le Livre de

Poche, 1995 ; *Cette lumière en nous, La Vraie Méditation,* Le Livre de Poche, 2002.
– Dan Millman : *La Voie du Guerrier Pacifique*, Octave, 2010.
– Toni Packer : *The Work of This Moment*, Shambhala, 2007 ; *The Light of Discovery,* Shambhala, 2007 ; *The Wonder of Presence and the Way of Meditative Inquiry,* Shambhala, 2002 ; *The Silent Question, Meditating in the Stillness of Not-Knowing*, Shambhala, 2007.
– Clark Strand : *The Wooden Bowl, Simple Meditation for Everyday Life*, Newleaf, 1999.

À propos de l'auteur

Dirk Grosser est auteur, musicien et dirige des séminaires. Il aime les longues promenades, les chiens, la forêt, la montagne et la mer. S'appuyant sur une connaissance approfondie des branches mystiques des religions du monde et des traditions méditatives correspondantes, il a publié de nombreux livres et CD. Il assume également un rôle de conseil en cas de crise spirituelle, aidant les personnes concernées à poser un nouveau regard sur leur propre parcours. Il est principalement influencé par : la philosophie antique, la mystique naturelle de Thoreau et Emerson, le taoïsme précoce, la méditation, une approche non conventionnelle du bouddhisme et sa propre expérience avec la nature.

Il s'est occupé plusieurs années de la section jeunesse d'une communauté de méditation internationale (mystique chrétienne), a été éditeur au sein de maisons d'édition spécialisées en spiritualité et a joué dans différents groupes.

Il médite régulièrement, libre de toute tradition, et sa pratique lui a réservé des hauts et des bas – y compris des bas qui se sont, avec le recul, révélés être des hauts et vice-versa. Il a deux filles et vit dans une ferme équestre dans la banlieue de Bielefeld en Allemagne.

Pour de plus amples informations sur l'auteur, son travail, ses conférences et séminaires :
www.dirk-grosser.de.

REMERCIEMENTS

Je remercie tout d'abord Andrea Löhndorf, Roland Rottenfußer et Ulrich Ehrlenspiel de la maison d'édition Kailash Verlag qui ont été touchés par l'histoire du maître zen dénommé Bobba et m'ont témoigné toute leur confiance. Je remercie également Ralf Lay pour sa lecture experte, pour avoir su pointer certaines incohérences et pour sa maîtrise de la ponctuation qui a permis de sauver certaines phrases.

Merci à l'illustrateur Frank Schulz qui a enrichi ce livre de son magnifique travail.

J'adresse aussi un grand merci à tous mes amis et compagnons de route ; nos discussions n'ont cessé de m'inspirer. Je pense avant tout à Arno Gerkowski, Beate Rösler, Maren Brand, Christian Köhler, Maren Schneider, Susanne Hiebsch, Daniel Austmeyer, Philip Carr-Gomm, Wolf-Dieter Storl et Seá ÓLaoire. Sans dire un mot, les amis à quatre pattes avec lesquels il m'a été permis de vivre ces dernières années m'ont tout autant inspiré : Bobba, Jino, Pepper, Willi, Baldur et Lilly. Tous furent et sont des personnages uniques qui n'ont cessé et n'auront jamais fini de me surprendre.

Mes sœurs Caja et Lale ont également le don de me ramener à l'essentiel dans la vie et leur présence est un miracle. Je leur suis reconnaissant pour le bonheur qu'elles me donnent en me permettant de faire un bout de chemin avec elles.

Jennie Appel est la femme qui m'accompagne. Je souhaite ici la remercier pour son amour à toute épreuve, son soutien et sa capacité à supporter sans se plaindre (la plupart du temps…) le fait que j'écrive souvent plus de mots en une journée que je n'en prononce.

Pour finir, je remercie tout particulièrement Marco Gnas pour qui Bobba était aussi un ami et qui m'aida quand il s'est agi de mettre en terre le meilleur chien du monde.

SOMMAIRE

SOMMAIRE

Dépôt légal : août 2016
IMPRIMÉ EN FRANCE

Achevé d'imprimer en juillet 2016
sur les presses de l'imprimerie *La Source d'Or*
63039 Clermont-Ferrand
Imprimeur n° 18894

IMPRIM'VERT
Votre imprimeur agit pour l'environnement

PEFC
PEFC/10-31-2008

Dans le cadre de sa politique de développement durable,
La Source d'Or a été référencée IMPRIM'VERT®
par son organisme consulaire de tutelle.
Cet ouvrage est imprimé - pour l'intérieur -
sur papier offset "Amber Volume" 90 g,
provenant de la gestion durable des forêts,
produit par des papetiers dont les usines ont obtenu
les certifications environnementales ISO 14001 et E.M.A.S.